Bibliografische Information der Deutschen Nationalbibliothek: Die Deutsche Nationalbibliothek verzeichnet diese Publikation in der Deutschen Nationalbibliografie; detaillierte bibliografische Daten sind im Internet über http://dnb.dnb.de abrufbar.

1. Auflage Juni 2022 Originalausgabe

Umschlagdesign: Ramona Petrolle, Willi Notthoff, Industriefotografie, Lübeck, www.ramonapetrolle.de,

Herstellung und Verlag: BoD – Books on Demand, Norderstedt

ISBN: 978-3-7557-7329-0

EDITION 99
»Dem Menschen, der sie/er einmal werden wird«

Manuel Jork

Der Situations-Navigator
Band 3

Trennungsgespräche mit unkündbaren
Mitarbeitern

»Das fehlende Glied zwischen Mensch und Affe sind wir selbst.«

– Konrad Lorenz

Gemeinsames Denken und Handeln ist mein Anliegen für die ferne Zukunft. Ich schreibe gleichermaßen für weibliche Leserinnen und männliche Leser und denke dabei auch an Lesende, die sich anderen Geschlechtern zugehörig fühlen. Ich sehe die Vielfalt und würdige die Gleichrangigkeit. Ich mache es mir nur so einfach wie möglich mit der Schriftsprache und versuche gleichzeitig, alle Persönlichkeiten gendergerecht einzubeziehen.

Das Ende des Erschreckens

Wenn Führungskräfte hören, dass sie sich von unkündbaren Mitarbeitern trennen müssen, erschrecken sie. Wenn sie realisieren, dass sie dies allein durch freihändiges Verhandeln erreichen müssen, weil zum Beispiel die Sozialplanregelungen nicht attraktiv sind, erschrecken sie ein weiteres Mal. Wenn sie dann tatsächlich dem echten Mitarbeiter gegenübersitzen und merken, dass all dies ernstgemeint ist, erschrecken sie ein drittes Mal. Dies gilt vor allem für Führungskräfte, die mit deutschem Arbeitsrecht, Betriebsräten und Gewerkschaften sozialisiert sind. Ich habe vor vielen Jahren ein Arbeitsrechtseminar für ausländische Kolleginnen und Kollegen unseres damaligen Unternehmens durchgeführt. In der Mittagspause kamen einige zu mir und fragten wann das Seminar denn endlich beginnen würde, bislang hätte ich doch wohl nur Scherze gemacht. Kein Scherz. Dies ist tatsächlich passiert.

Also wenn auch Sie bei den Stichworten Arbeitsrecht, Arbeitsgericht, Betriebsrat, Gewerkschaft, Kündigungsschutz innerlich einen leichten Hitzeschub empfinden, dann sind Sie hier richtig.

Hier endet das Erschrecken. Hier beginnt Verhandeln auf einer höheren Ebene. Hier endet der Einfluss des Arbeitsrechts.

Mobbingfreie Zone

Nicht, dass gleich zu Beginn ein falscher Eindruck entsteht. Die hier vorgestellte Gesprächsführungsmethode würdigt den Gesprächspartner, öffnet den klaren Blick auf Realitäten und ist völlig mobbingfrei. Der Gesprächspartner trifft am Ende eine eigene sehr persönliche Entscheidung. Keine »Dirty Tricks«.

Ich habe als HR-Leiter etwa 2.500 Kündigungen und Vertragsaufhebungen selbst durchgeführt. Als Berater und Trainer habe ich diese Gesprächsführung über 2.000 Führungskräften vermittelt und war auf diese Weise an mehr als 20.000 Vertragsaufhebungen beteiligt. Ich habe zahlreiche Betriebsräte in allen Einzelheiten darüber informiert und in einigen Fällen sogar ausführlich geschult. Ich wurde danach kein einziges Mal ausgeladen.

Ich weiß, dies klingt seltsam. Deshalb habe ich es bisher auch vermieden, die Einzelheiten zu diesem Thema zu veröffentlichen. Ich habe es gewissermaßen als Geheimwissen für meine Kunden gehandelt und für mich selbst dadurch die Deckung bewahrt. Bei näherem Hinsehen ist dies aber nicht notwendig. Im Gegenteil. Eigentlich sollte jeder diese Gesprächs-führungsmethode kennen und können.

»If you make it here, you make it anywhere.«

Also schauen wir näher hin.

Zum Einstieg beschreibe ich einen vollständigen Gesprächsprozess. Danach betrachten wir die Einzelheiten.

Inhalt

Nachschlag

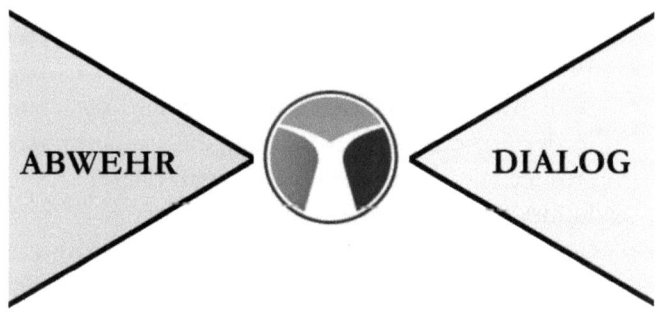

Teil 1
Ein ganz normaler Fall

01 Dieter

Dieter Schumacher ist 51 Jahre alt, arbeitet als Disponent in der Auftragsabwicklung der Yellowfoam GmbH und weist mittlerweile eine Betriebszugehörigkeit von 18 Jahren auf. Er ist verheiratet und hat zwei Töchter im Alter von 17 und 21 Jahren. Die ältere studiert an einer Privathochschule. Die jüngere möchte dies nach dem Abitur auch. Beide Töchter sind die ersten in der Geschichte der Familie, die studieren bzw. studieren wollen. Die Ehefrau von Dieter arbeitet halbtags als Erzieherin in einer Kita.

Die Yellowfoam GmbH produziert Hochleistungsschäume für den Weltmarkt, sieht sich aber zunehmend der Konkurrenz aus China und dem südostasiatischen Wirtschaftsraum ausgesetzt. Sie begegnet dieser Herausforderung auf der einen Seite mit der Digitalisierung von Geschäftsprozessen und dem Aufbau von Produktionsstätten in Singapur. Und auf der anderen Seite führt sie ein Sparprogramm durch, das auch mit dem Abbau von Arbeitsplätzen verbunden ist. Mit dem Betriebsrat sind ein Interessenausgleich und Sozialplan abgeschlossen worden, der betriebsbedingte Kündigungen für die nächsten zwei Jahre ausschließt. Jede Vereinbarung mit den Mitarbeitern erfolgt auf deren Seite ausschließlich freiwillig. Der Betriebsrat forderte die Geschäftsleitung dazu auf, die Mitarbeiter nicht mit kurzfristigen Gesprächsterminen zu überrumpeln, sondern mindestens eine Woche Vorbereitungsfrist zu gewähren. Er hat angekündigt, bei den geplanten Gesprächen an der Seite der Mitarbeiter mitwirken und die Einhaltung aller Vereinbarungen überwachen zu wollen.

Roland Weber ist der Leiter der Auftragsabwicklung. Er beschäftigt derzeit 12 Mitarbeiter, muss aber die Zahl der Beschäftigten auf neun reduzieren. Dieter Schumacher ist älter und länger im Betrieb als die Hälfte seiner Kolleginnen und Kollegen in der Abteilung. Roland Weber bittet die HR-Abteilung um Unterstützung. Dort ist Britta Wohlgemuth für die Organisation und Durchführung der personellen Maßnahmen zuständig. Sie stimmt mit Roland die Vorgehensweise ab und nimmt selbst an den Gesprächen teil. Ziel dieser Gespräche ist der Abschluss von Aufhebungs-vereinbarungen. Ihre wichtigste Frage an Roland betrifft zunächst die Gründe für die Auswahl von Dieter.

Britta: »Was hat dich denn veranlasst, Dieter auszuwählen? Du weißt, es gibt mindestens sechs Kollegen, die von den Sozialdaten her eher angesprochen werden müssten als Dieter.«

Roland: »Ja, das ist mir bewusst, aber ich brauche ja hinterher noch eine funktionsfähige Abteilung. Da kann ich nicht einfach die jungen und zukunftsfähigen Mitarbeiter abgeben.«

Britta: »Das ist juristisch aber schwierig, wenn nicht sogar unmöglich.«

Roland: »Das weiß ich. Aber ich frage dich ja nicht als Juristin, sondern als Mitstreiterin an meiner Seite. Hast du da Einwände?«

Britta: »Nein. Juristisch können wir sowieso nichts machen. Wir können also solange verhandeln wie wir wollen. Ich mache dabei mit.«

Roland: »Danke. Also, Dieter ist nicht schlecht, er macht auch keine großen Fehler, aber er ist auch nicht sehr schnell. Mit der Digitalisierung tut er sich schwer. Man merkt sehr deutlich den Unterschied zu den jüngeren Kollegen.«

Britta: »Da gibt es noch einen Holger Steinecke. Der ist sogar älter als Dieter. Soll der auch raus?«

Roland: »Nein. Der ist ein echter Experte und eine Stütze für das Team. Ansonsten halte ich mich auch an die Sozialauswahl. Nur Dieter passt da nicht mehr ins Konzept. Und einen jüngeren möchte ich dafür nicht verlieren.«

Britta: »Das wird dem Betriebsrat nicht gefallen.«

Roland: »Erschreckt dich das?«

Britta: »Nein. Aus dem Stadium bin ich längst raus.«

Roland: »Dann versuchen wir es, okay?«

Britta: »Ja, das machen wir.«

Als nächstes lädt Roland Dieter zum Gespräch ein. Er macht dies persönlich und geht ohne weitere Ankündigung in dessen Büro.

Roland: »Hallo Dieter. Hast Du einen Moment?«

Dieter: »Ja, klar. Worum geht's denn? Sag' nicht, dass es um den Personalabbau geht.«

Roland: »Leider Ja, Dieter. Du hast mir das wahrscheinlich angesehen, oder?«

Dieter: »Na ja, alle warten ja darauf. Aber dass ich jetzt angesprochen werde, hätte ich so nicht gedacht.«

Roland: »Ich sehe, das überrascht dich.«

Dieter: »Das kannst du wohl sagen. Was machen wir jetzt?«

Roland: »Ich muss dich jetzt zum Gespräch einladen.«

Dieter: »Jetzt?«

Roland: »Nein, ich will dich ja nicht überfallen. Ich möchte es dir nur persönlich ankündigen.«

Dieter: »Für dich auch blöd, oder? Wir kennen uns ja ganz gut.«

Roland: »Stimmt. Danke. Aber wie es mir geht ist gerade nicht so wichtig. Wichtiger bist du.«

Dieter: »Und wann soll das Gespräch stattfinden?«

Roland: »Der Betriebsrat will eine Woche Ankündigungsfrist. Das wäre also nächsten Dienstag.«

Dieter: »Bis dahin bin ich doch nervlich völlig fertig.«

Roland: »Verstehe ich. Wir können das jederzeit machen. Wir müssen nur den Betriebsrat informieren. Von mir aus morgen um 10 Uhr im Konfi neben dem Büro von Frau Wohlgemuth.«

Dieter: »Okay. Sagst du dem Betriebsrat Bescheid?«

Roland: »Mach ich. Der wird sich aber sofort bei dir melden.«

Dieter: »Kein Problem.«

Roland: »Gut. Bis morgen. [Wartet einen Augenblick] Kann ich dich jetzt hier so sitzen lassen?«

Dieter: »Klar. Was willst du denn sonst machen? Schon gut.«

Roland: »Okay. Dann sehen wir uns morgen.«

Dieses kurze Gespräch ist einigen Kollegen nicht verborgen geblieben. Sie sprechen Dieter an.

Klaus: »Was war das denn?«

Romina: »Die wollen dich doch nicht loswerden, oder?«

Dieter: »Doch, leider ja. Muss morgen zum Gespräch.«

Klaus: »So ein Scheiß.«

Romina: »Das darf der gar nicht. Eine Woche Frist, hallo?«

Dieter: »Schon gut. Ist okay, morgen.«

Romina: »Du bist immer viel zu nett.«

Klaus: »Da hat sie recht.«

Dieter: »Nee, ist schon okay. Ich habe keinen Nerv, eine Woche zu warten.«

Romina: »Aber du nimmst den Betriebsrat mit.«

Wenig später kommt der Betriebsrat bei Dieter vorbei, Tarik Kilinc.

Tarik: »Hey, was ist los?«

Dieter: »Weber hat mich angesprochen. Termin morgen.«

Tarik: »Darf er gar nicht.«

Dieter: »Schon okay. Ich will nicht eine Woche warten. Da bin ich doch fertig bis dahin.«

Tarik: »Außerdem bist du durch den Sozialplan geschützt.«

Dieter: »Ich muss ja trotzdem mit Weber sprechen, oder?«

Tarik: »Schon, aber ich komme mit und du unterschreibst nichts, klar?«

Dieter: »Alles klar.«

Am Abend berichtet Dieter seiner Frau. Sie ist bestürzt.

Roswitha: »Mein Gott, was sollen wir jetzt machen?«

Dieter: »Keine Ahnung. Mal das Gespräch abwarten morgen.«

Roswitha: »Wir brauchen das Geld für unsere Töchter.«

Dieter: [Schüttelt den Kopf] »Stimmt «.

Roswitha: »Aber du unterschreibst nichts voreilig, versprochen?«

Dieter: »Selbstverständlich, Schatz.«

Am nächsten Tag treffen sich Dieter, Tarik, Roland und Britta zum Gespräch. Sie setzen sich am Konferenztisch paarweise gegenüber. Dieter und Tarik nebeneinander, Roland gegenüber

Dieter und Britta gegenüber Tarik. Roland eröffnet.

Roland: »Guten Morgen. Vielen Dank, dass wir uns heute hier treffen können. Neben mir sehen Sie Frau Wohlgemuth. Sie ist die zuständige Partnerin von HR und wir beide führen das Gespräch heute. Frau Wohlgemuth?«

Britta: »Ja, guten Morgen meinerseits. Das ist heute kein angenehmer Anlass. Herr Kilinc. Herr Schumacher, es geht um den geplanten Personalabbau und Sie, Herr Schumacher, sind davon betroffen. Wir möchten heute …«

Tarik: [Fällt ihr ins Wort] »Sie wissen aber, dass Herr Schuhmacher erstmal überhaupt nicht ‚betroffen‘ ist. Er müsste hier gar nicht sitzen.«

Britta: »Herr Kilinc, das wissen wir doch alle. Sie haben den Sozialplan doch mit ausgehandelt. [Wendet sich an Dieter] Herr Schumacher, ich möchte Ihnen zu Beginn sagen was heute unser Anliegen ist. Vier Dinge. Wir möchten Sie zuerst darüber informieren, dass Sie von den personellen Maßnahmen betroffen sind. Dann möchten wir mit Ihnen die Rahmenbedingungen erörtern. Am Ende möchten wir mit Ihnen eine Vereinbarung schließen. Und für all dies möchten wir uns Zeit nehmen und mit Ihnen ein persönliches Gespräch führen.«

Tarik: »Das wäre auch noch schöner. Hätten Sie das sonst per E-Mail gemacht?«

Dieter ist während der Eröffnung etwas zusammengesunken und hat die Arme verschränkt.

Roland: [Ignoriert Tariks Kommentar] »Dieter, ich sehe, dass trifft dich.«

Dieter: »Ja, ich bin echt geschockt.«

Roland: »Ja, das sehe ich dir an. [Lässt eine kleine Pause] Das ist auch verständlich. [Lässt wieder eine kurze Pause] …«

Tarik: »Schön, wenn Sie das alles verstehen …«

Britta: »Herr Kilinc, Moment mal bitte …«

Roland: »Und deshalb, Dieter, lass uns einen Moment Zeit nehmen und das mal sacken lassen.«

Dieter holt tief Luft.

Roland: »Ich sehe, das bewegt dich. Darf ich fragen was dir gerade durch den Kopf geht?«

Dieter: [Sammelt sich] »Ich weiß nicht wie ich das meiner Frau erklären soll. Und ich weiß nicht wie das mit meinen Töchtern weitergehen soll.«

Tarik: [Unterbricht] »Darum geht es doch gar nicht. Sie sollten mal erklären wie Sie das hier begründen wollen.«

Britta: »Wir kommen dazu gleich, Herr Kilinc, geben Sie Herrn Schumacher mal einen Moment, bitte.«

Roland: »Du denkst an deine Töchter. Was bewegt dich denn da genau?«

Dieter: »Meine Große studiert. Und die Kleine will das auch bald. Meine Kinder sind die ersten in der Familie, die studieren. Ihr Notendurchschnitt ist nicht so gut, dass sie sich die Unis aussuchen können. Die Große geht auf eine Privatuni. Das kostet Geld. Wenn ich meinen Job verliere, kann ich den Kindern das Studium nicht mehr finanzieren. Roland, das willst du doch nicht, oder?«

Roland: »Mensch Dieter, erstmal Danke, dass du mir das so offen sagst. Das ist nicht einfach. Verstehe.«

Dieter: »Und jetzt? Was soll ich machen?«

Britta: »Ich würde gerne etwas dazu sagen, Herr Schumacher.«

Dieter nickt.

Britta: »Das ist der Grund warum ich bei diesen Gesprächen dabei bin. Wir erleben das immer wieder, dass Mitarbeiter, so wie Sie jetzt auch, plötzlich vor Situationen stehen, mit denen sie nicht gerechnet haben. Deshalb möchten wir mit Ihnen in aller Ruhe und im Detail die Optionen erörtern, die wir mit dem Betriebsrat vereinbart und vorbereitet haben.«

Dieter: »Aber das beantwortet ja nicht meine Frage. Roland?«

Roland: »Ich sehe, dass dich das echt umhaut.«

Dieter: »Ja, klar.«

Roland: »Ja, das kann ich völlig nachvollziehen.«

Dieter: »Und?«

Roland: »Na, ich habe das Gefühl, dass dir gerade 'ne Menge durch den Kopf schwirrt.«

Dieter: »Das kannst du laut sagen.«

Roland: »Und deshalb möchte ich, dass wir uns einen Moment Zeit nehmen. Frau Wohlgemuth hat schon was Richtiges gesagt. Es gibt Optionen, es gibt Details, und die möchten wir dir klar darstellen, damit du die Situation von allen Seiten betrachten kannst. Deine Frau übrigens auch. Ist ja wichtig. Sie möchte ja auch Klarheit haben, wie es weitergeht.«

Tarik: »Klarheit besteht ja. Herr Schuhmacher muss hier gar nicht sitzen, fertig.«

Britta: »Es wäre wünschenswert, wenn hier niemand sitzen müsste, Herr Kilinc. Aber: Deshalb haben Sie und ich einen Sozialplan abgeschlossen. [Wendet sich Dieter zu] Ich habe den Eindruck, dass Sie noch gar nicht richtig bereit sind, die Informationen aufzunehmen.«

Dieter: »Stimmt. Das geht mir alles viel zu schnell.«

Roland: »Ja. Plötzlich wird das so real.«

Dieter: »Aber das kann doch nicht sein. Ich bin seit …wieviel? …18 Jahren hier. Ich habe mir nie was zu Schulden kommen lassen. Warum ausgerechnet ich? Frau Wohlgemuth? Was sagt die Personalabteilung dazu?«

Roland: »Dieter? Das beantworte ich dir. Das ist ja meine Entscheidung.«

Dieter: »Ja, was?«

Roland: »Ich merke, du bist echt aufgebracht jetzt.«

Dieter: »Ja, langsam werde ich irgendwie sauer.«

Roland: »Ja, verständlich, ich hab' auch nichts dagegen, dass du das hier rauslässt.«

Dieter: »Schon gut.«

Roland: »Warte mal, du sagst: »18 Jahre …«.

Dieter: »Das ist 'ne lange Zeit.«

Roland: »Ja, das stimmt. Und ich finde das sehr ehrenwert.«

Dieter: »Es nützt aber alles nichts.«

Roland: »Es ist trotzdem ehrenwert.«

Dieter: »Danke. Warum ich?«

Roland: »Dieter, ich muss von 12 Mitarbeitern auf neun runter. Das ist entschieden. Das muss ich machen. Das ist die Realität.«

Dieter: »Kann ich ja verstehen, aber warum ich? Bin ich einer der Schlechtesten? Schau doch mal in die Akte. Alles gut.«

Roland: »Du fühlst dich echt verletzt jetzt, oder?«

Dieter: »Irgendwie schon.«

Roland: »Versteh' ich und das ist nicht meine Absicht. Ich schätze dich, wir kennen uns schon eine ganze Weile und haben uns immer gut verstanden.«

Dieter: »Außer damals mit Frau Nguyen. Da hast du dich echt unfair verhalten. Das hat uns alle geärgert.«

Roland: »Sag mal, das ist drei Jahre her. Jetzt holst du hier die Keule raus?«

Dieter: »Musste mal gesagt werden.«

Roland: »Okay, das würde ich heute anders machen. Da hast du recht.«

Dieter: »Und?«

Roland: »Und jetzt zu uns. Okay?«

Dieter: »Ja.«

Roland: »Ich möchte heute drei Dinge. Dass du in aller Klarheit im Bilde bist, dass du alle Informationen bekommst und mitnimmst und dass wir das alles in einem persönlichen Gespräch machen und uns dafür Zeit nehmen.«

Dieter: »Habe ich verstanden.«

Roland: »So, du fragst ‚Warum du?‘ Das ist wahrscheinlich die wichtigste Frage überhaupt. Ich sage dir jetzt in aller Offenheit wie ich das gedacht habe. Ich muss künftig mit neun Kolleginnen und Kollegen die Aufgaben fortführen. Im Grunde die gleichen Aufgaben, die gleiche Menge, und mit völlig neuen Methoden. Wir müssen und wollen digitalisieren. Dadurch verändern sich unsere Arbeitsweisen. Das wird nicht einfach. Und in meiner Rolle als Leiter dieser Abteilung muss ich dafür sorgen, dass das funktioniert.«

Dieter: »Und du meinst, ich kann das nicht?«

Roland: »Mein erster Gedanke ist, wer sind die Neun, mit denen ich das schaffe?«

Dieter: »Ich scheinbar nicht.«

Roland: »Ich habe also versucht, ein Team zusammenzustellen, dass diese Anforderungen künftig bewältigen kann. Und diese Neun habe ich definiert.«

Dieter: »Aber ich bin doch nicht ahnungslos.«

Roland: »Das bist du nicht und das habe ich auch nie gesagt.«

Dieter: »Aber die anderen sind vermutlich jünger.«

Roland: »Dieter, ich seh' dir an, dass du sauer und enttäuscht bist.«

Dieter: »Altes Eisen, sage ich nur. Wird sich meine Frau freuen. Und wie ich das meinen Töchtern erklären soll, weiß ich auch nicht.«

Britta: »Herr Schumacher, Ihnen geht jetzt gerade eine Menge durch den Kopf.«

Dieter: »Ja.«

Tarik: »Wir sollten uns jetzt vertagen. Herr Schuhmacher braucht Zeit zum Nachdenken, das sehen Sie ja wohl alle.«

Britta: »Herr Schuhmacher bekommt jede Zeit zum Nachdenken, Herr Kilinc.«

Roland: [Zu Dieter] »Und zum Nachdenken gehören zwei Dinge. Warum *du* betroffen bist und welche Optionen zur Verfügung stehen.«

Dieter: »Schon gut.«

Roland: »Jetzt guck mich mal an. Hol mal tief Luft. Also. Erstens, ich schätze dich. Du bist immer verlässlich, du bist – wie soll ich das sagen? – eine treue Seele. Und wir haben uns immer gut verstanden. Frau Nguyen mal abgesehen. Aber das hat mit uns nichts zu tun gehabt. Das ist die eine Seite der Medaille. Okay?«

Dieter: »Ja.«

Roland: »Und die andere Seite ist: Ich kann nur mit neun Mitarbeitern weitermachen. Leichter wird es dadurch nicht. Ich brauche also neun Kolleginnen und Kollegen, die diese künftigen Anstrengungen mittragen und bewältigen können. Danach habe ich das Team definiert. Das ist mein Job. Den habe ich gemacht. Deshalb muss ich mit drei Kollegen solche Gespräche führen.«

Dieter: »Das verstehe ich ja, aber deine Auswahl muss ja nicht richtig sein.«

Roland: »Weißt du Dieter, über meine Entscheidung kann man ewig streiten. Es ist aber nun mal meine Verantwortung. Ich muss diese Entscheidung treffen. Und das mache ich. Das habe ich getan. Und dazu stehe ich auch.«

Dieter: »Du sagst damit, dass ich in deinen Augen nicht geeignet bin.«

Roland: »Ich sage damit, dass ich mit diesen neun Kolleginnen und Kollegen die künftigen Aufgaben am besten bewältigen kann. Das ist alles was ich sage. Nicht mehr und nicht weniger.«

Dieter: »Aber Roland, es kann doch nicht sein, dass es für mich nach all den Jahren nicht wenigstens eine andere Stelle in diesem Betrieb gibt.«

Roland: »Jetzt greifst du zum Strohhalm.«

Dieter:» Was?«

Roland: »Ich merke, dass es dir schwerfällt diese Realität an dich ranzulassen.«

Dieter: »Ist ja auch eine Scheißrealität. Entschuldigung, Frau Wohlgemuth.«

Britta: »Kein Thema. Stimmt ja, was Sie sagen.«

Dieter: »'Wohlgemut' kann es Ihnen ja auch nicht sein, oder?«

Britta: »Nein, ist es auch nicht.«

Dieter schweigt.

Roland: »Dieter, Dieter, es gibt diese Realität. Und der müssen wir uns beide stellen. Und deshalb macht es Sinn, dass wir uns die Regelungen mal ansehen. Dann ist dein Bild vollständig. Und dann kannst du in Ruhe nachdenken und auch mit deiner Frau darüber reden.«

Dieter: [Holt tief Luft] »Na dann zeig her.«

Britta: »Das übernehme ich.

[…]

Dieter: »Toll ist das alles nicht. Kann man da noch was drehen?«

Roland: »Wenn wir beide unter vier Augen wären, würde ich sagen, mal gucken. Frau Wohlgemuth hört das jetzt gerade nicht.«

Tarik: »Das nehme ich zu Protokoll.«

Roland: [Zu Dieter] »Siehst du? Einmal 'mal gucken' gesagt, schon bist du dran, hier.«

Dieter: »Ganz schöner Mist alles.«

Roland: »Dieter hast du alles, um heute mit deiner Frau zu sprechen?«

Dieter: »Ich glaube schon.«

Roland: »Und wie gehst du jetzt zur Tür raus?«

Dieter: »Wie schon?«

Roland: »Dieter, ich weiß, das hier ist 'ne Mistsituation. Und deswegen Danke, dass du das Gespräch mit uns heute so geführt hast. Ich weiß, dass das nicht leicht war.«

Dieter: »Und wie geht's weiter?«

Britta: »Sie nehmen sich jetzt Zeit, reden mit Ihrer Frau und denken nach. Nächste Woche setzen wir dann unser Gespräch fort. Wenn Sie weitere Fragen haben, rufen Sie mich einfach an. In Ordnung?«

Dieter: [Nickt] »Na dann, schönen Tag noch.«

Tarik: »Ich bin nächstes Mal wieder dabei. Nur dass Sie das wissen.«

[…]

Roland und Britta holen tief Luft und lehnen sich in ihren Stühlen zurück.

Roland: »Puh … das möchte ich auch nicht jeden Tag machen. Vielen Dank für Ihre Unterstützung.«

Britta: »Ja, gerne, das wäre auch keine Dauerbeschäftigung für mich. Aber ich glaube, das ist ganz gut gelaufen, oder?«

Roland: »Ja, wie sind ziemlich weit gekommen. Ich denke das passt.«

Tarik nimmt Dieter noch kurz mit ins Betriebsratsbüro.

Tarik: »Dieter, lass' dir nichts gefallen. Und vor allem: Unterschreibe nichts ohne mich. Okay?«

Dieter nickt.

Zurück am Arbeitsplatz wird Dieter von Kollegen umringt.

Kollege: »Mensch Dieter, wie war's? Was haben die mit dir gemacht?«

Dieter: [Genervt] »Scheiß war's. Ich bin meinen Job los.«

Kollege: »Lass' dir bloß nichts gefallen. Vielleicht geht ja noch was.«

Dieter nickt geistesabwesend.

Die Kollegen ziehen sich zögerlich und etwas peinlich berührt zurück.

Abends kommt es schnell zum Gespräch zwischen Dieter und seiner Frau, die sehr betroffen ist und sich Sorgen macht.

Roswitha: »Aber Dieter, die können dich doch nicht einfach entlassen. Du hast doch Kündigungsschutz, oder etwa nicht?«

Dieter: »Ja, zwei Jahre. Und dann?«

Roswitha: »Aber du musst doch nichts unterschreiben. Die können doch gar nichts machen.«

Dieter: »Ja.«

Roswitha: »Aber du versprichst mir, du unterschreibst nichts, ja?«

Es folgt das zweite Gespräch.

Roland: »Und Dieter? Wo bist du heute gedanklich?«

Dieter: »Auch nicht besser als letztes Mal.«

Roland: »Alle reden auf dich ein, oder?«

Dieter: »Ja.«

Roland schweigt und lässt eine Pause.

Dieter: »Was, wenn ich nicht unterschreibe?«

Tarik: »Du musst auch nichts unterschreiben.«

Britta: »Herr Kilinc, das wissen wir alle.«

Roland: [Zu Dieter] »Weißt du, mein Eindruck ist, dass du gerade mit dir kämpfst.«

Dieter nickt, ohne etwas zu sagen.

Roland: »Das ist verständlich. Und deshalb würde ich gerne nochmal auf unser Paket schauen. Ich möchte, dass du in der Lage bist, nach vorne zu schauen.«

Dieter: »Was ist denn da noch drin?«

Roland: »Wenn Frau Wohlgemuth und Herr Kilinc jetzt mal weghören, mache ich dir einen Vorschlag.«

[...]

14 Tage später unterschreibt Dieter einen im Hinblick auf den Austrittstermin leicht angepassten Aufhebungsvertrag.

Teil 2
Unser inneres Radar und
Persönlichkeitstypen

Sie werden sich jetzt verwundert fragen, warum
Dieter den Aufhebungsvertrag unterschrieben
hat. Um dies nachvollziehen zu können, werfen
wir einen Blick auf die inneren psychologischen
Prozesse von Menschen in solchen
Ausnahmesituationen. Wir beginnen mit zwei
erstaunlichen Phänomenen unserer innen-
weltlichen Topographie.

02 Das ultrafeine Radar

Menschen verfügen über ein 100.000 Jahre altes
ultrafeines Radar, das erstaunlicherweise
weitgehend unbekannt ist. Es ist eine
Hirnfunktion, die sich evolutionsbedingt zur
Sicherung unseres Überlebens in feindlicher
Umwelt entwickelt hat. Kein »Soft-Zeug«,
sondern klar strukturiert, präzise, zuverlässig und
überlebenswichtig.

Menschen senden Signale. Immer. Pausenlos. Während der oben beschriebenen Gesprächs-sequenzen werden zum Beispiel sämtliche Handlungen von Roland und Britta von allen Beteiligten genauestens beobachtet. Vor allem deren informelle Gesten, Körpersprache, Mimik, Wortwahl, eventuelles Zögern oder zu schnelles Antworten, ob sie zuhören oder sich nur selbst darstellen, ob sie tatsächlich, wie in der Zielformulierung angekündigt, ein echtes Gespräch führen oder den Gesprächspartner nur zu einer Unterschrift drängen oder manipulieren wollen. Diesem Radar entgeht nichts. Auch wenn es weitgehend unbewusst abläuft, verarbeitet es schnell und zuverlässig die empfangenen Signale und übermittelt die Ergebnisse an unser Bewusstsein. Wer darin geübt ist, Menschen zu lesen, kann jetzt die inneren Prozesse des Gegenübers entziffern, wer dies nicht ist, empfindet mindestens deutliche Impulse auf der Gefühlsebene. Dies können positive und die Beziehung fördernde Empfindungen sein oder Störgefühle. Entstehen Störgefühle errichten wir einen Schutzschild um uns herum und gehen auf Distanz. Das Radar läuft dann mit besonderer Intensität weiter. Ein Trennungsgespräch würde in solch einem Fall in eine Sackgasse laufen.

Im Folgenden machen wir uns dieses Radar bewusst und nutzen es auf zweifache Weise. Wir scannen unser Gegenüber, um dessen innere Prozesse besser lesen und verstehen zu können und eine Landkarte für unser Gespräch zu zeichnen. Gleichzeitig wissen wir, dass auch unser Gegenüber uns scannt und sehr fein und empfindlich auf unsere Worte und unser Verhalten reagiert. Mit diesem Wissen versuchen wir, den Scan des anderen während des Gesprächs zu passieren, Widerstände zu vermindern und schließlich einen echten Dialog herzustellen. Erst dann ist ein Gespräch überhaupt möglich. Bevor wir den Scan passiert haben, führen wir kein Gespräch, sondern verteidigen unsere umzäunten Territorien oder versuchen, diese Zäune irgendwie einzureißen. Eine Unterschrift unter einen Aufhebungsvertrag erhält man auf diese Weise nicht.

Vermutlich erkennen Sie jetzt einen Widerspruch. Der erste Teil des Gesprächs dient dazu, den Scan des Gesprächspartners zu passieren, das heißt Vertrauen aufzubauen, Widerstände zu mindern, dem anderen näher zu kommen, um sodann im zweiten Teil des Gesprächs die Trennung zu vollziehen. Das klingt hinterhältig und manipulativ. Dies wäre auch hinterhältig und manipulativ, wenn Sie es so denken und beabsichtigen würden, wenn Ihr Verhalten also nicht ehrlich und authentisch wäre. Bedenken Sie jedoch, dass der Scan des anderen, der in dieser emotionalen Ausnahmesituation besonders scharf eingestellt ist, dies sofort erkennen und als Störgefühl melden würde. Sie können Trennungsgespräche mit unkündbaren Mitarbeitern nicht manipulieren. Selbst wenn es Ihnen einmal gelingen würde, gäbe es nur dieses eine Mal. Irgendjemand würde dies früher oder später erkennen und einen Shitstorm über Sie ergießen. Jedes weitere Gespräch würde dann doppelt schwierig werden, weil Sie das verlorengegangene Vertrauen erst wieder aufbauen müssten, und dies ist in diesem Kontext fast unmöglich. Alle hier beschriebenen Gesprächsführungselemente wirken nur, wenn sie authentisch und ohne Manipulationsabsicht vorgetragen werden.

Dennoch bleibt ein Widerspruch: Dem anderen nahekommen und Kontakt herstellen, um sich dann zu trennen. Im Grunde verhält es sich hier so wie bei einem Verkaufsgespräch: Kontakt herstellen, Vertrauen aufbauen, das Geschäft aushandeln. Nur mit dem Unterschied, dass im Fall des Trennungsgesprächs niemand das Produkt kaufen möchte. Der Prozess ist aber der gleiche. Unserem Instinkt widerspricht diese Vorgehensweise. Dies ist die eigentliche Hürde für jeden Gesprächsführer. Sie werden die Gesprächsführung schnell lernen und anwenden können, Ihr Instinkt wird aber noch eine Weile protestieren.

Folgende sieben Elemente des inneren Radars sind aus der Sicht eines von einem Trennungsgespräch betroffenen Mitarbeiters relevant und aktiv.

1. Verhält sich der andere sachlich, respektvoll und wertschätzend oder ist er emotional, aggressiv, abwertend und bedrängend?

2. Ist der andere präsent? Ist er »bei mir« oder ist er hauptsächlich mit sich selbst beschäftigt?

3. Nimmt er mich als Person wahr? Werde ich gesehen oder geht es nur um ihn selbst und seine Interessen?

4. Kann ich ihn wirklich einschätzen, ist er leicht lesbar und authentisch oder spielt er mir etwas vor?

5. Kann er sich in meine Lage versetzen? Finden wir eine gemeinsame emotionale Grundlage oder interessiert er sich nicht für mich und bleibt auf Distanz?

6. Ist er kompetent? Hat er Verhandlungs-spielraum oder ist er nur ein »Postbote«?

7. Ist er stabil oder fällt er um?

Erst wenn sämtliche Kriterien erfüllt sind, entspannt sich das Radar. Der Mitarbeiter weiß dann, dass seine Integrität gewahrt bleibt und er gleichzeitig die Gesprächsführer ernstnehmen muss. Dies ist die emotionale Grundlage für das Gespräch.

03 Fünf fundamentale Persönlichkeitstypen

Um den Scan des anderen zu passieren, ist es also erforderlich, ihn als Person wahrzunehmen, ihn zu »sehen« und gleichzeitig für ihn transparent und authentisch sichtbar zu werden. Gelingt dies, entsteht ein Grundgefühl der Ähnlichkeit, das als emotionale Grundlage dient.

»Ich sehe Dich« und »Wir sind uns ähnlich« sind die beiden wichtigsten Signale für die Gestaltung von Beziehungen. »Sehen« und »Ähnlichkeit« beziehen sich auf fünf deutlich unterscheidbare identitätsstiftende Persönlichkeitsstrukturen [1]. Wir stellen sie in der Reihenfolge ihrer Häufigkeit kurz dar.

Beziehung
Verbundenheit, Empathie, Zugehörigkeit, Gleichheit, Gerechtigkeit, Hilfsbereitschaft

Menschen mit einem starken Beziehungsanteil schätzen Zugehörigkeit und Verbundensein in vertrauensvolle und harmonische Beziehungen. Gerechtigkeit ist ein hoher Wert für sie und bedeutet, dass jeder auf gleiche Weise behandelt wird. Solche Menschen sind in der Regel sehr mitfühlend, können andere gut einschätzen und vertrauensvolle Verbindungen herstellen.

----

[1] Manuel Jork, Artgerechte Haltung von Menschen, BoD 2. Auflage 2020, Seiten 34 ff.

Hierin gründet sich der Selbstwert einer beziehungsorientierten Persönlichkeit.

Dies erwarten sie auch von anderen, denen sie gerne einen Vertrauensvorschuss geben, aber sehr empfindsam darauf achten, dass dieses Vertrauen nicht missbraucht wird.

Ein Trennungsgespräch ist die größtmögliche Belastung für diesen Persönlichkeitstypus, weil gerade dessen höchste Werte und wichtigste Identitätselemente bedroht werden, Beziehungen enden und die Zugehörigkeit verloren geht. Er könnte sich im Extremfall buchstäblich verloren fühlen.

Gleichzeitig fällt es ihm schwer, Konflikte einzugehen und nachhaltig um seinen Arbeitsplatz zu kämpfen. Ein beziehungsorientierter Mensch hinterfragt die Gründe für die Auswahl [»Warum ich?«] nicht bis zum schmerzlichen Ende und zeigt Ärger eher verhalten und kurz. Wird sein Selbstwert verletzt reagiert er mit Trotz und Verweigerung.

Ordnung
Denken, Kriterien, Strukturen, Argumente, Logik, Wissen, Erfahrungen, Distanz

Menschen mit hohem Ordnungsanteil erwarten, dass ein Vorgang plausibel und logisch durchdacht ist. Das erfordert vom Gegenüber strukturiertes Denken, das sich entlang relevanter Kriterien entwickelt. Diese Kriterien müssen sich aus sachlichen Erkenntnissen und Zusammenhängen ableiten lassen und nicht diffusen emotionalen Befindlichkeiten folgen. Fairness ist ein hoher Wert und bedeutet, dass Entscheidungen auf der Basis von vernünftigen Argumenten und eindeutigen Kriterien getroffen werden. Ihnen ist wichtig, dass andere ihnen mit Respekt begegnen; dazu gehört, angemessene Distanz, sachliches Austauschen und nicht zu früh zu Entscheidungen gedrängt zu werden.

Ein Trennungsgespräch ist eine extreme Belastung für diesen Persönlichkeitstypus, weil alles was er in den Jahren seiner Beschäftigung aufgebaut hat nunmehr in Frage gestellt wird und er Struktur und Ordnung zu verlieren droht. Er könnte ein Gefühl der Orientierungslosigkeit entwickeln und dass ihm der Boden unter den Füßen weggezogen wird.

Bei der Frage nach dem »Warum ich?« wird er sich nicht mit einfachen Antworten zufriedengeben, sondern präzise, detailliert und zunehmend unnachgiebig nachfragen.

Wird sein Selbstwert verletzt reagiert er mit teilweisem Rückzug in die Position eines kritischen Beobachters, der Fehler und Mängel wie spitze Pfeile in seinem Köcher sammelt und sie bei passender Gelegenheit gegen seine Gegner verschießt. Sein innerer Satz lautet: »Dir beweise ich das Gegenteil.«

Leistung

Ziele, Handeln, Ergebnisse, Klarheit, Direktheit, Tempo

Für leistungsorientierte Personen zählen am Ende nur die Ergebnisse. Sie sind fokussiert, schnell und wollen in aller Klarheit Dinge auf den Punkt bringen. Tempo. Handeln. Resultate. Sie erleben andere Menschen als langsamer. Folglich sind sie oft ungeduldig. Sie reden schneller, bewegen sich schneller und essen ihr Pausenbrötchen am liebsten im Gehen. Sie können eigentlich nie richtig innehalten und denken, dass ohne sie nichts wirklich richtig erledigt wird.

Ein Trennungsgespräch ist für diesen Typus insofern ein Schock, weil er plötzlich in seiner Bewegung gestoppt wird und er das Spielfeld für seinen Leistungsdrang zu verlieren droht. Das Gefühl, dass dann aufkommen kann, trägt die Signatur: »Ich bin nutzlos.«

Er wird sich schneller als andere Persönlichkeiten durch das Gespräch bewegen, aber bei der Frage »Es muss doch für jemanden wie mich eine andere Aufgabe in diesem Unternehmen geben«, sich nicht so schnell mit einem Nein zufriedengeben.

Wird sein Selbstwert verletzt reagiert er mit einem trotzigen Energieschub und dem inneren Satz: »Euch allen werde ich es jetzt erst recht zeigen.«

Territorium

Ausdehnen, Einfluss, Dominanz, Macht, Bedeutsamkeit, Anführen

Territoriale Menschen oder Machtmenschen nehmen Aufgabenfelder oder Positionen wie Hoheitsgebiete wahr. Diese Territorien gilt es, zu erobern, zu besetzen, zu erweitern und vor allem abzuschirmen und zu sichern. Selbstsicherheit, Entschlossenheit und Durchsetzungsvermögen gehören deshalb zu ihren besonders prägnanten Merkmalen. Sie verfügen über einen Sinn für das Große und Ganze, für Vision und Expansion und sind bereit, Verantwortung und Führung zu übernehmen. Daraus resultiert eine Verhaltenstendenz zu Größe, Abgrenzung und Dominanz. Hierin gründet der Selbstwert von machtorientierten territorialen Menschen. Andere können dies oft nicht einordnen und damit auch nicht umgehen. Sie erleben dieses Verhalten als Angriff, verteidigen sich dann sofort oder weichen aus. Dies erlebt der Machtmensch als Schwäche und nimmt solche Personen nicht mehr ernst. Er sucht und schätzt ebenbürtige Menschen oder auch ebenbürtige Gegner. Dann ist ein Gespräch möglich. Sonst eher nicht.

Trennungsgespräche stellen deshalb für beide Seiten eine besondere Herausforderung dar. Die territoriale Persönlichkeit droht Einfluss zu verlieren und wird darum kämpfen. Der Gesprächsführer darf nicht ausweichen, muss sich Respekt verschaffen und darf sich gleichzeitig nicht in einen unerbittlichen Machtkampf verstricken lassen. Die ist kein einfaches Manöver.

Wird der Selbstwert einer territorialen Persönlichkeit verletzt, begegnet sie dem mit einer Kampfansage. Trennungsgespräche mit unkündbaren selbstwertverletzten territorialen Persönlichkeiten, die sich im Kampfmodus befinden, werden Sie daher nicht erfolgreich zum Abschluss bringen können. Hier erreichen sie eine Grenze.

Wie können Sie dann ein solches Gespräch überhaupt führen? Der Machtmensch wird Sie auf Ähnlichkeit scannen. Er wird prüfen, ob Sie umfallen oder stehen bleiben, ob Sie aus gleichem Holz geschnitzt oder ein Weichei sind. Wie Sie dies erreichen können, ohne sich zu verbiegen lässt sich durch folgendes Bild veranschaulichen. Stellen Sie sich einen Boxring vor. Drinnen steht der Machtmensch und Sie stehen draußen. Was passiert jetzt im Inneren des Machtmenschen? Er schaut Sie an und denkt: »Na, komm doch rein, wenn du was willst.«

REIN

Also müssen Sie rein in den Ring. Das kostet Mut, aber es ist ja noch nichts passiert. Jetzt stehen Sie da. Was denkt der Machtmensch jetzt? Er denkt: »Guck mal an, der Kleine. Na, dann komm doch mal näher ran.«

RAN

Der Machtmensch ist erst einmal überrascht und beeindruckt, dass Sie den Mut haben, in den Ring zu steigen. Doch seien Sie nicht zu optimistisch. Noch haben Sie hier nichts gewonnen. Er wird jetzt neugierig. Er will sehen, wie weit Sie sich vorwagen. Sie müssen also in seine Reichweite kommen, Auge in Auge. Die Spannung steigt. Sie dürfen nicht wackeln, nicht schwanken, nicht nervös werden, sich nicht verteidigen, nicht in Deckung gehen oder sonst ein unsicheres Verhalten zeigen. Positiv gesagt, Sie bleiben einfach stabil stehen und sind präsent. Ihre Botschaft ist: Dieser Ring ist groß genug für uns beide.

RAUS

Weiterhin bildlich gesprochen gehen Sie nach diesem Manöver aus dem Boxring wieder heraus. Ihre Botschaft ist: »Mir geht es nicht um einen Kampf, sondern um etwas Bedeutsames. Für uns beide. Also? Was jetzt? Lass' uns zur Sache kommen!«

Zugegeben: Dieses Manöver bedarf einiger Erfahrung. Trennungsgespräche mit Machtmenschen sollten Sie deshalb erst dann führen, wenn Sie schon einige »normale« Gespräche erfolgreich abgeschlossen haben. Dies verschafft

Ihnen ein Erfahrungspolster und gleichzeitig Respekt seitens des Machtmenschen.

Am Ende dieses Buches lernen Sie Paul kennen. Er ist eine eher territoriale Persönlichkeit und Britta und Roland werden mit ihm ein Gespräch führen. In dem Buch »Artgerechte Haltung von Menschen, BoD 2. Auflage 2020« finden Sie auf den Seiten 206 ff ein Beispiel, wie Sie als Führungskraft ein Gespräch mit einem territorialen Vertriebsmitarbeiter führen können.

Innovation

Freiheit, Neues, Einzigartigkeit, Ideenreichtum, Veränderungen.

Für Innovatoren ist es wichtig, die Welt zu entdecken und Neues zu erleben. Veränderungen werden nicht nur als Chancen erlebt, sondern als Lebenselixier. Hindernisse sind keine Herausforderungen, sondern elementare Bestandteile der Topographie der Lebenswelt innovationsorientierter Menschen. Folglich verstehen sie nicht, dass andere Menschen vor Veränderungen ausweichen oder sogar Angst haben können. Innovative brauchen Abwechslung und ständige Erweiterungen ihrer Denkgrenzen. Freiheit ist für sie ein hoher Wert.

Sie werden eine Trennung vom Unternehmen nur dann als großen Verlust erleben, wenn sie gerade mit innovativen und wegweisenden Aufgaben betraut sind, die ihnen einmalige

Chancen und größere Freiheiten ermöglichen. Dann könnten sie etwas nachdrücklicher um den Erhalt dieses kreativen Raums kämpfen. Sonst eher nicht. Der Arbeitsplatz an sich ist für sie nicht so bedeutsam, weil die üblichen Werte, die mit einem Arbeitsplatz verbunden sind, wie zum Beispiel Sicherheit und Zugehörigkeit, für sie nicht im Vordergrund stehen.

Teil 3
Vor dem Trennungsgespräch

04 Die Entscheidung

Alles beginnt mit der Entscheidung des zuständigen Vorgesetzten, in diesem Fall Roland. So einfach wie dies klingt, ist es aber häufig nicht. In einem großen internationalen Dienstleistungsunternehmen sollten 200 Mitarbeiter entlassen werden. Die Entscheidung über die Auswahl der Mitarbeiter trafen die Abteilungsleiter und nicht die unmittelbaren Teamleiter. Auch die Gespräche sollten von den Abteilungsleitern geführt werden. Auf die Frage warum denn die Teamleiter die Auswahlentscheidung nicht treffen und die Gespräche nicht führen sollten, gab es zur Antwort: »Die können das nicht.«

Dies ist leider ein nicht seltener logischer Bruch. Warum wird jemand zum Teamleiter befördert, wenn man ihm gleichzeitig nicht zutraut, schwierige Gespräche zu führen? Welche Auswirkungen auf das Ansehen des Teamleiters hat es, wenn dessen Vorgesetzter solche entscheidenden Funktionen an sich zieht? Und schließlich: Der betroffene Mitarbeiter wird erstens den Abteilungsleiter fragen, wie er denn die Entscheidung begründen wolle, wo er ihn, den vor ihm sitzenden Mitarbeiter, doch gar nicht kenne. Und zweitens wird er nach dem Gespräch mit dem Abteilungsleiter sofort zu seinem Teamleiter gehen und ihn fragen, was dieser denn dazu zu sagen habe und ob das denn auch seine Entscheidung sei? Der Teamleiter kann das Gespräch nicht vermeiden. Also kann er es auch gleich selbst führen. In der Praxis hat sich dies bewährt. Aber Vorsicht: Oft ziehen sich dann die Abteilungsleiter erleichtert zurück und nehmen auch nicht an den erforderlichen Vorbereitungen und Schulungen teil. Dies hat zwei Folgen: Erstens sind sie dann nicht in der Lage als mögliche Eskalationsinstanz das Gespräch zu einem Abschluss zu führen und zweitens sind die Teamleiter nach einer solchen Aktion hinterher bessere Gesprächsführer als ihre Chefs.

Die Auswahlentscheidung muss sachlich begründet und nachvollziehbar sein. Und zwar von dem unmittelbaren Vorgesetzten. Sie muss dagegen nicht justiziabel sein, also einer richterlichen Prüfung standhalten. Warum? Wenn ein Kündigungsschutz besteht, kommt es auf eine juristische Absicherung der Auswahlentscheidung überhaupt nicht an. Die Entscheidung darf nur nicht willkürlich und damit selbstwertverletzend sein. Letzteres würde dazu führen, dass der betroffene Mitarbeiter nicht vorrangig um seinen Arbeitsplatz kämpft, sondern um seine Würde und Ehre. Solche Kämpfe sind hochemotional und unerbittlich und der Gesprächsführer kann hier nur verlieren.

05 Die Einladung

Besteht die Notwendigkeit mit einer großen Anzahl von Mitarbeitern zu sprechen, werden Einladungen häufig formalisiert und per Outlook eingestellt. Einladungstexte bleiben oft vage, weil man Überreaktionen der Mitarbeiter vermeiden möchte. All dies wird als unpersönlich und respektlos empfunden und erzeugt zusätzliche Widerstände, die das Gespräch erschweren.

Das Geheimnis unserer Gesprächsführung liegt darin, möglichst sämtliche Widerstände des Gesprächspartners aufzulösen oder deutlich zu vermindern. Deshalb ist die Gestaltung der Einladung bereits ein wichtiges Element des gesamten Prozesses.

Ein zögerliches oder ausweichendes Verhalten bei der Einladung ist auch nicht notwendig, wie das Beispiel mit Roland zeigt. Ein kurzer persönlicher Austausch schafft Klarheit, erlaubt bereits einen ersten Umgang mit zu erwartenden Reaktionen und macht den Vorgesetzten als standhafte Person sichtbar, die zu ihrer Verantwortung steht. Natürlich ist dies unangenehm und kostet Zeit, aber dieses ganze Szenario ist sowieso unangenehm und kostet

Zeit, so dass es darauf nicht mehr ankommt. Es geht vielmehr darum, dass die Gesprächsführer als stabile und respektvolle Personen sichtbar und spürbar werden, die sich die notwendige Zeit für jeden betroffenen Mitarbeiter nehmen. Hierbei ist nicht die Zeit auf der Uhr gemeint, sondern die erlebte Qualität des Gesprächs für den Mitarbeiter in der jeweils gegebenen Zeit. 10 Minuten können endlos quälend erscheinen, Wut und Widerstände verstärken und gemeinsame Regelungen verunmöglichen oder sie können das Gefühl vermitteln, wir haben alle Zeit der Welt. Inhalt und Haltung sind entscheidend, sowie Worte und Verhalten.

Die Furcht vor Überreaktionen bei klar formulierten Einladungen ist unbegründet, wie wir etwas später sehen werden.

06 Das Format

Roland und Britta haben das sogenannte Tandemformat gewählt, welches aus drei Gründen vorteilhaft ist. Jeder Gesprächsführer erlebt Trennungsgespräche als Belastung. Gelegentliche Blackouts lassen sich nicht vermeiden. Dann fallen einem die besten Argumente erst nach dem Gespräch ein. Die Tandemlösung vermeidet dies. Weiß der eine nicht weiter, übernimmt die andere. Der jeweils Zuhörende beobachtet die Situation mit größerem emotionalem Abstand und kann deshalb in schwierigen Momenten eingreifen, der

Kollegin oder dem Kollegen zur Seite springen, das Gespräch übernehmen und wieder in die richtige Bahn lenken. Auf diese Weise können sich die Gesprächsführer wechselseitig entlasten und im Nachgang fundiert Feedback geben.

Nimmt ein Betriebsrat an einem solchen Gespräch teil, wäre es eine unnötige Überforderung, das Gespräch allein führen zu wollen. Das Tandemformat ermöglicht eine Rollenzuordnung und eine »Manndeckung« und kann dadurch den Mitarbeiter im Fokus halten. Hierfür setzen sich die Parteien rollengerecht gegenüber. Vorgesetzter zu Mitarbeiter, HR zu Betriebsrat. Einwände des Betriebsrats werden von HR angenommen und beantwortet und das Gespräch wird sodann wieder zum Mitarbeiter zurückgeführt. Auf diese Weise bleibt er im Fokus. Geschieht dies nicht, sondern gelingt es dem Betriebsrat das Gespräch zu übernehmen, kann es schnell zu der ungünstigen Eigendynamik kommen, dass drei Personen in Gegenwart des Mitarbeiters über ihn sprechen und nicht mehr mit ihm. Dies ist auf der einen Seite respektlos, ermöglicht dem Mitarbeiter aber auf der anderen Seite, sich vom Gespräch zu dissoziieren und dessen Inhalte und Realitäten nicht mehr an sich heranlassen zu müssen. Endet ein Gespräch in solch einem Zustand, fühlt sich der Mitarbeiter nicht betroffen und das Gespräch erzielt keine Wirkung.

Schließlich wirkt ein Tandem wie zwei Elfmeterschützen, die mit zwei Bällen gleichzeitig aufs Tor schießen. Was dies bedeutet, lernen sie gleich in Teil 4 kennen.

07 Die Rollen im Tandem

Beide führen das Gespräch. Der Vorgesetzte hat die vorrangige Aufgabe, die Auswahlentscheidung zu begründen. HR hat die Aufgabe, die Regelungen und Vertragsbedingungen im Detail sachlich zu vermitteln und Fragen fachlich fundiert zu beantworten. Je genauer, desto besser. Fachwissen und Genauigkeit, sonst manchmal als störend empfundene Eigenschaften ordnungsorientierter Persönlichkeiten, erzeugen an dieser Stelle Vertrauen und Sicherheit. Am besten halten Sie einen erfahrenen Lohnbuchhalter für diesen Moment bereit.

Beide Gesprächsführer haben somit definierte Rollen, darüber hinaus teilen sie die Gesprächsführung situativ unter sich auf. Nochmal: HR »begleitet« das Gespräch nicht nur. Beide führen!

Teil 4
Der Ablauf von Trennungsgesprächen –
Die richtigen Worte finden

08 Die Veränderungskurve

Wenn Führungskräfte schwierige Gespräche führen müssen, läuft in den meisten Fällen folgender innerer Prozess ab:

- Wie soll das gehen?
- Was mache ich, wenn der andere auf unerwartete Weise reagiert?
- Wie komme ich aus Sackgassen wieder heraus?

Dies gilt insbesondere für Trennungsgespräche mit unkündbaren Mitarbeitern. Hier verfügen Sie grundsätzlich nicht über starke Strategien [2]. Die Position des anderen erscheint stets stärker. So sieht es jedenfalls anfänglich aus. Eine solche Ausgangslage wird schnell als aussichtslos empfunden. In Erwartung des Gesprächs wird ein innerer »Horrorfilm« ausgelöst, in dessen Verlauf der Gesprächspartner seine Position unverrückbar aufrechterhält, den Raum am Ende triumphierend verlässt und den Gesprächsführer erschöpft und ratlos zurücklässt. Wir erleben solche Szenarien als wenig vorhersagbar, fühlen uns deshalb nie umfassend vorbereitet und fürchten uns vor unerwarteten Wendungen, unbeabsichtigten Auswirkungen und schließlich vor Kontrollverlust und Versagen.

Diese Furcht ist weitverbreitet. Sie ist jedoch selten begründet. Dies gilt auch für Trennungsgespräche mit unkündbaren Mitarbeitern. Das Gegenmittel zu dieser Furcht besteht im Antizipieren der Reaktionen der Gesprächspartner. So wie in uns angesichts eines solchen Gesprächs ein innerer Prozess abläuft, so geschieht dies auch in unserem Gegenüber. Und dieser innere Prozess folgt einer Logik und ist weitgehend vorhersagbar. Dies nimmt der Furcht vor ungewissen Folgen, Sackgassen und Kontrollverlust die emotionale Wucht.

----

[2] Zu starken Strategien siehe Manuel Jork, Vermeiden – Die Strategie-Umsetzungs-Blocker-Kettenreaktion, BoD 1. Auflage Juli 2020, Seiten 65-70 und Dixit/Nalebuff, Spieltheorie für Einsteiger, Schaeffer-Poeschel, 1997, Seite 60 ff.

Was bleibt ist, dass ein solches Gespräch immer als unangenehm empfunden wird. Und dies ist es auch.

»Erfolg ist das Resultat Deiner Bereitschaft, eine Menge unangenehmer Gespräche zu führen.«

– Tim Ferris, The 4-Hour Workweek

Ich weiß, Sie stöhnen jetzt und denken: »Was für ein Klugschiss ...«, und damit hätten Sie auch recht. Gleichzeitig – es gibt immer zwei Seiten einer Medaille – hat sich folgendes in der Realität gezeigt: Die Personen, die solche Gespräche am häufigsten führen, sind die HR-Mitarbeiterinnen und Mitarbeiter, die Personalabbauprojekte steuern und begleiten. Diese HR-Mitarbeiterinnen und Mitarbeiter führen nicht selten 50 – 100 Gespräche in wenigen Monaten. Diese Gespräche sind immer unangenehm. Der Ausgang wird immer als ungewiss empfunden. Auch wenn dies etwas formal und unpersönlich klingt, die Abschlussquote nach der hier vorgestellten Gesprächsführungsmethode beträgt zwischen 80 – 90 %. Dies erleben die beteiligten Gesprächsführer als erstaunlichen Erfolg. Wenn man sie dann ein halbes Jahr danach befragt, was sich für sie durch diese Erfahrungen verändert hat, erhält man folgende Antworten:

- Mein Rollenverständnis hat sich erweitert, von reiner Dienstleistung hin zu Führen und Mitgestalten;
- Ich bin viel selbstsicherer und furchtloser geworden;
- Ich kann auch in sehr schwierigen Gesprächssituationen die Ruhe bewahren und Lösungswege finden;
- Mein Standing ist gewachsen. Ich erkenne dies daran, dass unsere Führungskräfte mich mehr einbeziehen und respektvoller behandeln;
- Und vor allem: ich bin in der Lage, mehr auszuhalten.

Dies sind bemerkenswerte Erkenntnisse und Veränderungen. Vor allem das »Mehr aushalten können« ist vermutlich der Dreh- und Angelpunkt für den weiteren Verlauf der Karriere. Dies erwartet Sie, wenn Sie bereit sind, dem Rat von Tim Ferris zu folgen.

Unser Lösungsweg verläuft dementsprechend entlang der inneren Prozesse der Beteiligten. Dies ist das grundlegend Neue an dieser Gesprächsführung. Innere Prozesse sind zunächst nicht erkennbar. Man muss genauer hinschauen, um die musterhaften emotionalen und mentalen Strukturen und Dynamiken zu erkennen, die in Menschen immer wieder ablaufen. Dann nimmt auch die Logik der Gesprächsführung Gestalt an.

Wir führen Gespräche stets entlang der inneren Prozesse des Gesprächspartners.

Von Trennungsgesprächen betroffene Mitarbeiter befinden sich in einer Ausnahmesituation. Sie können dieses Gespräch nicht sachlich, klar und mit emotionalem Abstand führen. Sie befinden sich immer in einer Stresssituation. Unter Belastung nimmt die Variabilität des Verhaltens ab und es werden bestimmte wiederkehrende Verhaltensmuster aktiviert. Dies reduziert Verhaltensoptionen und Reaktionsweisen. Dadurch werden Gesprächsverläufe vorhersagbar.

Führungskräfte haben immer sogenannte »Worst Cases« vor ihrem geistigen Auge; Situationen vor denen sie sich am meisten fürchten, weil sie keine Lösungen dafür haben oder die damit verbundenen Fehlerrisiken sehr hoch einschätzen. Vielleicht denken Sie jetzt an einen möglichen Gesprächspartner, der Ihnen in einem Trennungsgespräch mit kühler Gelassenheit und großer sachlicher Distanz begegnen könnte. Er könnte mit einer gewissen Herablassung folgendes sagen: »Ich verstehe ja, dass Sie mich einladen. Ich möchte auch nicht in Ihrer Haut stecken. Was ich nicht verstehe ist, dass Sie offensichtlich übersehen haben, dass ich einen Kündigungsschutz besitze. Ich denke, unser Gespräch ist damit auch schon wieder zu Ende. Auf Wiedersehen.«

In uns allen laufen solche »Horrorfilme« ab. Das Erstaunliche ist, das ich in 30 Jahren vielleicht zwei bis drei solcher Situationen erlebt habe. Dies ist tatsächlich selten, weil sich Mitarbeiter, die zu solch tiefgreifenden Gesprächen eingeladen werden, immer in einem Stressmodus befinden und dies auch nicht verhindern können. Es handelt sich dabei um eine neuronale Reaktion, die die meisten Menschen nicht steuern können. In der Regel ist eine solche Gelassenheit gespielt und bereits Teil einer stressbedingten Abwehrstrategie.

Bleiben wir aber erst einmal bei Dieter und machen an diesem Fall die Grundstruktur der Gesprächsführung sichtbar und verständlich.

Elfmeter

Haben Sie schon einmal einen Elfmeter geschossen? Nicht-Fußballfans können sich das ungefähr so vorstellen: Sie stehen elf Meter vor dem Tor. Das Tor ist 7,32 Meter breit und 2,44 Meter hoch. Fußball wurde in England erfunden und daher stammen die Maße. 8 Yards beträgt die Breite und 8 Feet die Höhe. Mittendrin steht ein Torwart, meistens zwischen 185 – 195 cm groß. Sie nehmen Anlauf und wollen den Ball im Tor versenken. Was geht Ihnen in diesem Moment durch den Kopf? Wie erleben Sie vor allem den Abstand zum Tor und den zur Verfügung stehenden Platz rechts und links neben dem Torwart? Die häufigste Antwort lautet: Das ist ganz schön weit weg und viel Platz ist da auch nicht. Nun beginnt ein Horrorfilm für den Schützen.

Wechseln Sie jetzt einmal die Perspektive und nehmen die Position des Torwarts ein. Wie empfinden Sie jetzt die räumlichen Bedingungen? Wer tatsächlich einmal im Tor stand und einen Elfmeter abwehren musste, wird jetzt sagen: Der Ball ist viel zu nah dran und das Tor ist riesengroß. Nun beginnt ein Horrorfilm für den Torwart.

Wenn Sie nun als Elfmeterschütze diesen inneren Prozess des Torhüters kennen, auf welche Weise verändert dies Ihr Empfinden und Ihr Handeln?

Am 12. Dezember 2021 schoss Patrik Schick im Spiel Eintracht Frankfurt gegen Bayer 04 Leverkusen in der 22. Minute den 5.000sten Elfmeter der Bundesligageschichte. Verwandelt wurden davon 74,8 Prozent.

Wenn Sie nun als Gesprächsführer den inneren Prozess Ihres Gegenübers kennen würden, auf welche Weise würde dies Ihr Empfinden und Handeln verändern?

Der innere Prozess von stressbedingtem Verhalten lässt sich durch die sogenannte Veränderungskurve sehr anschaulich beschreiben. Sie verläuft wie folgt:

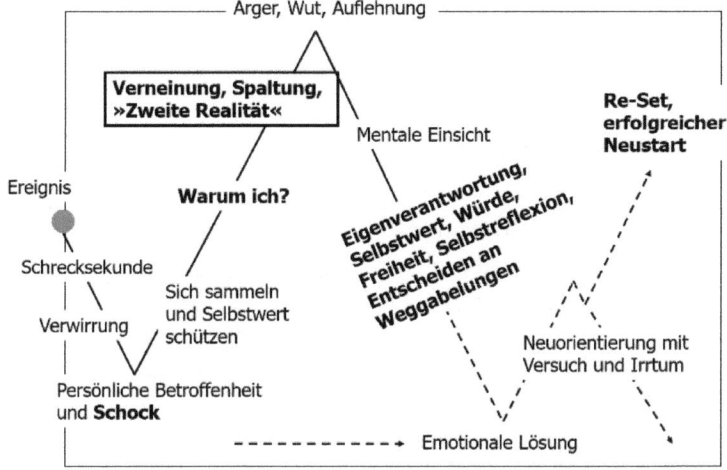

Betrachten wir das oben beschriebene Gespräch mit Dieter vor diesem Hintergrund genauer.

1. Das Ziel

Jedes professionelle Gespräch beginnt mit einem klaren Ziel und endet mit einem Ja-Wort.

Vor vielen Jahren arbeitete ich für eine Bank, die etwa 1.000 Mitarbeiter entlassen musste. Die meisten waren für eine nicht unerhebliche Übergangszeit kündigungsgeschützt. Der Personalvorstand verkündete auf einer Belegschaftsversammlung mit einmaliger Courage den denkwürdigen Satz:

»Ein einmal begonnenes Gespräch wird auch zu Ende geführt.«

Eine solche Haltung klingt bereits bei der Zielformulierung an, wie ein Leitmotiv in einer Ouvertüre.

»Herr Schumacher, ich möchte Ihnen zu Beginn sagen was heute unser Anliegen ist. Vier Dinge. Wir möchten Sie zuerst darüber informieren, dass Sie von den personellen Maßnahmen betroffen sind. Dann möchten wir mit Ihnen die Rahmenbedingungen erörtern. Am Ende möchten wir mit Ihnen eine Vereinbarung schließen. Und für all dies möchten wir uns Zeit nehmen und mit Ihnen ein persönliches Gespräch führen.«

Diese Eröffnung folgt einer Logik.

Man könnte auch einfach so eröffnen: »Herr Schumacher, Sie wissen ja aufgrund der Einladung worum es geht. Am Ende möchten wir, dass Sie hier unten rechts unterschreiben.«

Unnötig zu sagen, wie sich diese Eröffnung und Zielformulierung auf den weiteren Verlauf des Gesprächs auswirken würde.

Das Format mit den vier Zielelementen schafft dagegen Seriosität und Ernsthaftigkeit, trägt der Komplexität des Vorgangs auf gebotene Weise Rechnung und signalisiert Empathie. Es deutet aber auch bereits an, dass mit dem Begriff

»erörtern« kein unverbindliches Plaudern gemeint ist, sondern dass das Gespräch auf ein klares Ziel zusteuert. Ein einmal begonnenes Gespräch führt unvermeidlich zu einem Abschluss. Gleichzeitig ist in der Formulierung ein Zug angelegt, der unter besonderen Bedingungen erforderlich werden könnte. Sollte sich der Mitarbeiter dem Gespräch hinter der Deckung einer starken Verneinung entziehen wollen und es im ersten Gespräch nicht zur Erörterung der Konditionen kommt, tritt der Fall ein, dass das Gespräch vertagt und konsequent fortgesetzt werden muss. In extremen Fällen kann es zu drei, vier oder mehr Gesprächsterminen kommen. Spätestens dann müssen die Gesprächsführer mit Mobbing-vorwürfen seitens des Betriebsrats rechnen. Die oben gewählte Formulierung: »Und für all dies möchten wir uns Zeit nehmen und mit Ihnen ein persönliches Gespräch führen«, beugt diesem Vorwurf vor.

Die Gesprächsführer können diesen Vorwurf nun mit berechtigter Empörung zurückweisen: [An Herrn Kilinc gerichtet] »Unser klares Ziel war es und ist es, mit Herrn Schumacher ein persönliches Gespräch zu führen. Sie selbst, Herr Kilinc, haben sich empört geäußert, dass alles andere ja wohl unangemessen wäre. Wir haben Herrn Schumacher viermal eingeladen. Nicht einmal fand ein echtes Gespräch statt. Wir haben das Gespräch versucht. Herr Schumacher hat es viermal abgeblockt. [An Herrn Schumacher gerichtet] Wir werden Sie solange einladen bis wir ein angemessenes Gespräch führen können.«

Ein einmal begonnenes Gespräch wird zu Ende geführt.

2. Die Eröffnung

In unserem Beispiel hat Roland eröffnet. Er ist aus der Sicht des Mitarbeiters als direkter Vorgesetzter der offiziell Einladende. Roland hat aber nur begrüßt, Britta vorgestellt und den Rahmen gesetzt. Sodann hat er die weiteren Eröffnungsworte an Britta weitergegeben. Sie hat die Ziele des Gesprächs dargestellt, die unangenehme Wahrheit ausgesprochen, dass Dieter vom Personalabbau betroffen ist und damit den »Stein ins Wasser« geworfen. Warum hat dies Roland nicht getan, sondern stattdessen Britta diesen undankbaren Teil überlassen? Roland hätte dies natürlich auch selbst tun können. Wenn Sie noch einmal den eingangs dargestellten Gesprächsverlauf betrachten, erkennen Sie, dass sich in diesem Fall fast ausschließlich ein Dialog zwischen Roland und Dieter entwickelt hätte. Für Britta wäre es dann schwierig gewesen, Präsenz und Rolle aufrecht zu erhalten. Das Tandem hätte dadurch Kraft und Wirkung eingebüßt. Dies ist einzige Grund, warum Roland die »harten« Eröffnungsworte Britta überlassen hat.

Übrigens: Halten Sie sich nicht mit langen Vorreden auf. Kommen Sie schnell zur Sache. Jeder Gesprächspartner erwartet dies, insbesondere nach der klaren Einladung. Die Regel: Eindeutige Worte, kein Small Talk, maximal 30 Sekunden.

3. Der Beginn der Veränderungskurve

Ab jetzt nimmt die Veränderungskurve ihren Lauf. Der kritische Satz ist gesagt. Der innere Prozess beginnt. Man könnte annehmen, dass der Prozess doch bereits mit der Einladung zum Gespräch, den Kommentaren des Betriebsrats und den geäußerten Befürchtungen des Ehepartners begonnen habe. Man könnte denken, dass der Mitarbeiter die Zeit zwischen Einladung und Gespräch für eine gute Vorbereitung genutzt haben könnte und nunmehr gesammelt und kontrolliert seine Abwehr hochfahren würde. Weit gefehlt. Dies entspricht nicht dem tatsächlichen inneren Prozess in solchen Ausnahmesituationen. Solange eine bevorstehende Bedrohungslage noch vage und nicht offiziell ausgelöst worden ist, befindet sich der betroffene Mensch in einem diffusen Übergangszustand, dem er mit einem erstaunlichen neuronalen Mechanismus begegnet:
Der Verneinung.
Sie kennen solche Situationen bestimmt. Sie lassen Ihre Haustür zufallen und erkennen im

selben Moment, dass Sie den Schlüssel in der Wohnung gelassen haben. Die erste Reaktion? Sie klopfen ihre Taschen ab, ob Sie den Schlüssel vielleicht doch bei sich haben. Dies ist eine sekundenschnell einsetzende Verneinung, um den aufsteigenden Dramaschmerz zu vermeiden. Sie erinnern sich an unsere Einleitung mit dem dreifachen Schreck der Führungskraft. Solange sich die beteiligten Personen nicht offiziell gegenübersitzen, bewahren beide [!!!] die tief innerlich verankerte verneinungsbedingte Hoffnung, dass sich das Ereignis doch nicht realisieren möge. Dies hat zwei Konsequenzen. Der Wunsch des Betriebsrates nach längerer Ankündigungsfrist geht ins Leere. Dies führt nicht zu größerer Vorbereitung und Sammlung der betroffenen Mitarbeiter, sondern zu Verneinung, Verunsicherung und Zermürbung. Eigentlich verschafft der Betriebsrat den Gesprächsführern damit sogar unbeabsichtigt einen emotionalen und mentalen Vorteil. Und zweitens können Sie nicht erwarten, nachdem Sie mit der Einladung den »Stein ins Wasser« geworfen haben, dass die »Welle« schon abgeebbt ist, wenn das Gespräch schließlich stattfindet. All diese möglichen Dynamiken wurden durch die sofort einsetzende Verneinung gedämpft und verdrängt. Insofern dürfen Sie die Einladung in aller Klarheit formulieren und müssen weder beschwichtigen, noch ausweichen.

Das Gespräch beginnt tatsächlich erst jetzt, mit allen emotionalen und mentalen Effekten.

Der Umgang mit der Verneinung wird damit zu einem zentralen Element unserer Gesprächsführung.

4. Der Schock

Die erste Reaktion nach kurzer Schrecksekunde und Verwirrung ist immer Betroffenheit und Schock in einer Intensität, die von der jeweiligen Lebenssituation und Verfassung des Gegenübers abhängt.

Sie fragen sich wahrscheinlich – siehe oben »Worst Case« – was ist, wenn der Gesprächspartner tatsächlich keinen Schock zeigt? Dann befindet er sich zu 97 % in einer besonderen Form der Verneinung oder er gehört zu den 2 % abgebrühten Schlitzohren, die es leider auch gibt, oder er gehört zu den wirklich seltenen 1 %, die solche Gespräche mit großem emotionalem Abstand führen können. Zu den Sonderfällen kommen wir später. Zunächst betrachten wir unseren Ausgangsfall. Wie kann Roland am besten mit Betroffenheit und Schock von Dieter umgehen?

Sprache und Verhalten Nr. 1: Raum geben

Betroffenheit und Schock geben wir Raum, damit sich der Gesprächspartner gedanklich und emotional sammeln kann. Schock führt zu zwei mentalen Zuständen: Blackout oder Overflow. Entweder der Betroffene erlebt eine gedankliche

Leere oder unzählige Gedanken schießen ihm unkoordiniert durch den Kopf. In beiden Fällen kann er keinen klaren Gedanken fassen. Würden Sie ihm in diesem Moment einen Aufhebungsvertrag mit konkreten inhaltlichen Regelungen vorlegen, würde er ihn nicht lesen können. Er würde einfach durch die Seiten hindurchschauen und nichts wahrnehmen. Würden Sie ihm die Inhalte vortragen, wie zum Beispiel die Hintergründe der unternehmerischen Entscheidung oder die Gründe für seine Auswahl, würde er nur den Schwall Ihrer Worte hören, jedoch keine sachlichen Einzelheiten. Im Gegenteil, er würde den Eindruck entwickeln, respektlos behandelt und lediglich »abgewickelt« zu werden. Widerstand und erhöhte Abwehr wären die Folgen. Ein Gespräch fände nicht statt, ein Entscheidungsprozess seitens des Mitarbeiters würde nicht einsetzen, ein Vertragsabschluss wäre unwahrscheinlich.

Die Elemente der Gesprächsführung werden nun immer deutlicher sichtbar.

- **Wir führen Gespräche stets entlang der inneren Prozesse des Gesprächspartners,**

- **wir vermindern sämtliche Widerstände unseres Gegenübers,**

- wir schützen seinen Selbstwert,

- wir bringen ihn mit der unvermeidlichen Realität in Verbindung und

- führen ihn in einen mentalen und
  emotionalen Zustand, in welchem er
  Entscheidungen klar und eigenverantwortlich treffen kann.

- Unsere wichtigsten »Werkzeuge«
  hierfür sind

  - unsere Wahrnehmung,
  - die Wahl der passenden Worte
  - und klares Ansprechen.

Teilnehmer in Workshops sind an dieser Stelle
oft irritiert. Sie fragen, ob dies nicht
widersprüchlich sei. Selbstwert schützen und den
Vertrag aufheben, dem Mitarbeiter in seinen
inneren Prozessen sehr nahekommen und sich
dann trennen, Emotionen Raum geben und die
unangenehme Realität klar benennen. Dies
scheint tatsächlich auf den ersten Blick
widersprüchlich zu sein. Hinter dieser
Befürchtung wirken jedoch unbewusste
Überzeugungen: Wenn ich freundlich bin, kann
ich nicht mehr konsequent verhandeln; wenn ich
konsequent verhandle, kann ich den Selbstwert
des anderen nicht bewahren. Die Wahrheit ist:

Wenn Sie nur freundlich sind, nimmt Sie keiner ernst. Wenn Sie nur konsequent verhandeln, erzeugen Sie zusätzliche Widerstände und der Mitarbeiter findet gute Gründe, sich gegen Sie zur Wehr zu setzen. Unterstützung dafür erhält er ja aus vielen Richtungen.

5. Selbstwert und Würde

Das, was zunächst widersprüchlich erscheint, gehört in Wirklichkeit zusammen, wie zwei Seiten einer Münze:

Sprache und Verhalten Nr. 2: Empathie UND Realität.

Beides. Gleichzeitig. Zurück zu unserem Beispiel.

Empathie

Roland: »Ich merke, dass es dir schwerfällt diese Realität an dich ranzulassen.«

Dieter: »Ist ja auch eine Scheißrealität. Entschuldigung, Frau Wohlgemuth.«

Britta: »Kein Thema. Stimmt ja, was Sie sagen.«

Dieter: »'Wohlgemut' kann es Ihnen ja auch nicht sein, oder?«

Britta: »Nein, ist es auch nicht.«

Dieter [Schweigt]

Realität

Roland: »Dieter, Dieter, es gibt diese Realität. Und der müssen wir uns beide stellen. Und deshalb macht es Sinn, dass wir uns die Regelungen mal ansehen. Dann ist dein Bild vollständig. Und dann kannst du in Ruhe nachdenken und auch mit deiner Frau darüber reden.«

Durch unsere empathische Gesprächsführung mindern wir Widerstände gegen uns, aber auch Widerstände im anderen, die es ihm erschweren, eine aktive Handlungsperspektive anzunehmen, um das Unvermeidliche bewältigen zu können. Durch den klaren Blick auf die Realitäten, können Handlungskräfte überhaupt erst wiedergewonnen werden und sich konkretisieren. Empathie UND Realität. Beides. Dies ist kein Widerspruch, sondern emotionale Integrität.

Aus alledem folgt, dass wir einen Gesprächspartner, der nach der Eröffnung Betroffenheit oder Schockverhalten zeigt, zunächst aus diesem Zustand heraushelfen müssen. Dazu geben wir Raum. Praktisch bedeutet dies, einen Moment zu warten, das Tempo anzupassen, Ruhe zu bewahren, genau hinzuschauen und schließlich den Zustand des anderen anzusprechen

Sprache und Verhalten Nr. 3: Hinsehen – Wahrnehmen – Worte finden – Ansprechen

Roland: »Dieter, ich sehe, dass trifft dich.«

Dieter: »Ja, ich bin echt geschockt.«

Roland: »Ja, das sehe ich dir an. [Lässt eine kleine Pause] Das ist auch verständlich. [Lässt wieder eine kurze Pause] …«

Störung durch den Betriebsrat.

Tarik: »Schön, wenn Sie das alles verstehen …«

Abwehr durch Tandempartnerin.

Britta: »Herr Kilinc, Moment mal bitte …«

Weiter den Raum aufrechterhalten.

Roland: »Und deshalb, Dieter, lass uns einen Moment Zeit nehmen und das mal sacken lassen.«

Es ist jetzt wichtig, einen Moment der Stille zu bewahren. Meistens halten Gesprächsführer derartige Pausen nicht aus und reden zu früh, zu schnell und zu viel. Ein Betriebsrat, der über diesen Gesprächsführungsverlauf nicht unterrichtet ist, missversteht diese Stille als Auftrag, etwas Unterstützendes sagen zu müssen. Was

Betriebsräte in solchen Momenten allerdings sagen, dient nicht der Unterstützung der inneren Sammlung, sondern schafft eher Verwirrung. Deshalb greift Britta ein und erhält den inneren Raum aufrecht, in dem sich Dieter sammeln kann.

Die Sammlung wird dadurch gefördert, dass dem Gesprächspartner Gelegenheit gegeben wird, seine Gedanken zu versprachlichen. Erst dadurch kann sich wieder eine mentale Ordnung und Orientierung einstellen.

Roland: »Ich sehe, das bewegt dich. Darf ich fragen was dir gerade durch den Kopf geht?«

Wir erfragen nicht, was der andere gerade fühlt. Dies würde der Gesprächspartner als Hohn empfinden und sich dagegen wehren. Er empfände dies als unwürdig, weil man allgemein davon ausgeht, dass die Gefühle eines anderen erkennbar sind, vor allem wenn der Gesprächsführer belastende Gefühlszustände selbst ausgelöst hat. Dagegen erwartet niemand, dass wir die Gedanken eines anderen lesen können. Die Frage nach den Gedanken des anderen löst deshalb keine Widerstände aus, sondern wird als wertschätzend erlebt, der Gesprächspartner fühlt sich gesehen. Gleichzeitig wird durch diese Frage ein innerer Suchprozess ausgelöst, in dessen Verlauf der Gesprächspartner seine Gedanken klarer wahrnimmt, sortiert und ordnet und auf diese

Weise seine Denk- und Handlungsfähigkeit zurückgewinnt.

Manche Gesprächsführer wenden an dieser Stelle ein, dass sie die Gedanken, Sorgen und Befürchtungen des anderen am liebsten gar nicht wissen wollen, weil sie davon emotional überfordert wären oder dem anderen einen emotionalen Vorteil verschaffen könnten. Unser Instinkt und unsere Denkgewohnheiten lassen uns annehmen, dass wir mit den zum Ausdruck gebrachten Gedanken und Befürchtungen etwas »tun« müssten. Wir fühlen uns verpflichtet, Lösungen parat zu haben und auf Fragen konkret zu antworten.

Dieter: »Ich weiß nicht wie ich das meiner Frau erklären soll. Und ich weiß nicht wie das mit meinen Töchtern weitergehen soll.«

Roland: »Du denkst an deine Töchter. Was bewegt dich denn da genau?«

Dieter: »Meine Große studiert. Und die Kleine will das auch bald. Meine Kinder sind die ersten in der Familie, die studieren. Ihr Notendurchschnitt ist nicht so gut, dass sie sich die Unis aussuchen können. Die Große geht auf eine Privatuni. Das kostet Geld. Wenn ich meinen Job verliere, kann ich den Kindern das Studium nicht mehr finanzieren. Roland, das willst du doch nicht, oder?«

Vor solchen Momenten fürchten wir uns. Wir stehen kurz davor, in eine Sackgasse zu geraten. Was uns jetzt hilft ist eine kurze Reorientierung. Wir befinden uns in der ersten Phase der Veränderungskurve und geben Schock und Betroffenheit Raum, ermöglichen dem Gegenüber gedankliche Sammlung, damit ein echter Dialog überhaupt erst stattfinden kann. In dieser Phase sind Fragen des anderen keine echten Fragen, sondern sprachlicher Ausdruck der Betroffenheit. Echte Fragen müssen wir beantworten, unechte Fragen dürfen und müssen wir ignorieren. Stattdessen sprechen wir an, was wir wahrnehmen und bleiben mit dem inneren Prozess des anderen verbunden.

Roland: »Mensch Dieter, erstmal Danke, dass du mir das so offen sagst. Das ist nicht einfach. Verstehe.«

Dieter: »Und jetzt? Was soll ich machen?«

Auch dies ist keine echte Frage, sondern sprachlicher Ausdruck von Orientierungs-losigkeit und Verzweiflung. Britta kommt zu Hilfe.

Britta: »Ich würde gerne etwas dazu sagen, Herr Schumacher.«

Dieter nickt.

Britta: »Das ist der Grund warum ich bei diesen Gesprächen dabei bin. Wir erleben das immer wieder, dass Mitarbeiter, so wie Sie jetzt auch, plötzlich vor Situationen stehen, mit denen sie nicht gerechnet haben. Deshalb möchten wir mit Ihnen in aller Ruhe und im Detail die Optionen erörtern, die wir mit dem Betriebsrat vereinbart und vorbereitet haben.«

Dieses Angebot kommt natürlich zu früh, weil Dieter noch nicht in der Lage ist, die Inhalte sachlich zu verarbeiten. Es deutet jedoch bereits jetzt einen möglichen Blick in die Zukunft an und antizipiert damit den weiteren Gesprächsverlauf. Dieter wird und kann darauf zu diesem Zeitpunkt noch nicht eingehen. Damit rechnet Britta auch nicht. Im Gegenteil, würde Dieter wider Erwarten darauf eingehen, würde Britta dies sofort unterbrechen und testen.

Britta: »Warten Sie mal, Sie sagen, dass ich Ihnen die Regelung mal zeigen soll. Mein Eindruck ist, dass Sie dazu im Moment noch gar nicht bereit sind.«

Britta würde damit folgende wichtige Signale senden:

- Ich sehe dich,
- ich gehe mit dir respektvoll um,

- mir geht es nicht um einen schnellen Abschluss,
- ich gebe dir Raum,
- ich lasse uns Zeit und
- mir ist wichtig, dass du klare Gedanken fassen kannst.

Indirekt sendet sie gleichzeitig auch folgende Signale:

- Ich bin furchtlos,
- Widerstand ist zwecklos.

Wie erwartet, geht Dieter auf das »Test«-Angebot nicht ein.

Dieter: »Aber das beantwortet ja nicht meine Frage. Roland?«

Diesem Versuch der Hartnäckigkeit begegnet Roland wieder mit Hinsehen, Wahrnehmen, Worte finden und Ansprechen.

Roland: »Ich sehe, dass dich das echt umhaut.«

Dieter: »Ja, klar.«

Roland: »Ja, das kann ich völlig nachvollziehen.«

Dieter: »Und?«

Roland: »Na, ich habe das Gefühl, dass dir gerade 'ne Menge durch den Kopf schwirrt.«

Dieter: »Das kannst du laut sagen.«

Roland: »Und deshalb möchte ich, dass wir uns einen Moment Zeit nehmen. Frau Wohlgemuth hat schon was Richtiges gesagt. Es gibt Optionen, es gibt Details, und die möchten wir dir klar darstellen, damit du die Situation von allen Seiten betrachten kannst. Deine Frau übrigens auch. Ist ja wichtig. Sie möchte ja auch Klarheit haben, wie es weitergeht.«

Britta: … »Ich habe den Eindruck, dass Sie noch gar nicht richtig bereit sind, die Informationen aufzunehmen.«

Dieter: »Stimmt. Das geht mir alles viel zu schnell.«

Roland: »Ja. Plötzlich wird das so real.«

Hier nimmt Roland eine spätere Phase der Veränderungskurve vorweg: Die Verneinung. Dieser begegnet man, indem man sie unterbricht und Realität vermittelt.

Roland: »Ja. Plötzlich wird das so real.«

6. Die magischen Drei: Ich sehe Dich, Ansprechen und Ähnlichkeit

An dieser Stelle befinden wir uns im magischen Zentrum der Gesprächsführung, an einer bedeutenden Weggabelung. Der Begriff »Empathie« wird greifbar und kann in konkretes Handeln übersetzt werden. Empathie bedeutet, den anderen wahrnehmen, sehen, hören, spüren. Und zwar in seiner Identität, in dem was ihm wichtig ist, was ihn bewegt und was ihn umgibt. Es sind immer diese drei Fragen, die für Menschen bedeutsam sind:

- Was ist dir wichtig?
- Was geht dir durch den Kopf? Was sind deine Gedanken und Befürchtungen?
- Wie sieht dein Umfeld aus? Unter welchen Bedingungen befindest du dich gerade?

Werden diese drei Erlebensbereiche ignoriert, fühlt sich der Mensch abgewertet und in seiner Würde verletzt. Widerstand ist die unvermeidliche Folge. Dieser Widerstand richtet sich nicht gegen sachliche Inhalte, sondern gegen die Verletzung der Würde. Der Mensch kämpft nicht um seine inhaltliche Position, sondern um seinen Selbstwert. Solche Kämpfe können Sie als Gesprächsführer nicht gewinnen. Wenn Sie merken, dass Ihr Gegenüber im Selbstwert verletzt ist, sprechen Sie dies sofort an, um Raum zu geben und den Selbstwert zu stabilisieren.

Zwei Dinge werden jetzt klar: Um den anderen »sehen« zu können, müssen Sie wissen was es überhaupt zu sehen gibt. Die hier beschriebenen inneren Prozesse liefern Ihnen den relevanten »Lesestoff«. Und Sie müssen selbst möglichst entspannt und gelassen sein, weil Sie unter Stress nur mit sich selbst beschäftigt sind und den anderen buchstäblich aus den Augen verlieren. Unter anderem deshalb ist das Tandem ein hilfreiches Format.

Dass Sie den anderen sehen, vermitteln Sie durch Ansprechen. Wie wir eingangs festgestellt haben, gibt es fünf unterschiedliche Persönlichkeitstypen. Folglich gibt es fünf Variationen des Ansprechens.

Beziehung
»Ich sehe, das schockt dich.«
»Ich verstehe, dass dir deine Familie wichtig ist«
»Du bist lange im Unternehmen. Da sind Verbindungen entstanden.«
»All das sehe ich. Und ich glaube, ich kann es nachempfinden.«

Ordnung
»Ich sehe, das erschüttert gerade Ihre Grundpfeiler.«
»Sie sind lange im Unternehmen und haben Strukturen geschaffen. Da ist eine Ordnung entstanden, die jetzt ins Wanken gerät.«

»All das sehe ich. Und ich respektiere das.«

Leistung
»Ich sehe, Sie sind gerade fassungslos.«
»Sie sind lange im Unternehmen, haben was bewegt und sollen jetzt innehalten. Und das fällt Ihnen nicht leicht.«
»Das sehe ich. Könnte ich auch nicht so gut.«

Territorium
»Ich sehe, Sie kämpfen gerade.«
»Hoffentlich nicht mit mir.«
»Sie haben hier Felder besetzt. Und das soll jetzt enden. Klingt nicht gut.«
»Ginge mir genauso.«

Innovation
»Ich sehe, Ihnen geht jetzt ´ne Menge durch den Kopf.«
»Sie sind ein kreativer Geist. Wahrscheinlich suchen Sie jetzt nach Lösungen.«
»Verstehe ich. Würde ich genauso machen.«

Raum geben durch typgerechtes Ansprechen, das innere Prozesse möglichst authentisch reflektiert, erzeugt ein Gefühl von Ähnlichkeit und Nähe im Gegenüber. Menschen suchen stets nach Ähnlichkeit im anderen. Erinnern Sie sich an den Scan auf Seite 38. Werden die Scankriterien erfüllt, entspannt sich der Scan. Dieser Effekt tritt ein, weil sich der Mensch von seinesgleichen umgeben und sich deshalb sicher fühlt. »Ähnlichkeit« ist ein sicherer Ort.

An diesem sicheren inneren Ort kann sich Ihr Gesprächspartner sammeln, seine Gedanken ordnen und den nächsten Schritt vollziehen. Unvermeidlicher Weise folgt jetzt die Warum-ich-Frage.

7. Warum ich?

Dieter befreit sich schließlich aus seinem Schockmoment und bewegt sich weiter entlang der Veränderungskurve. Er stellt, wie erwartet, die Frage nach dem Warum-ich? In der Regel ist dies eine echte Frage, die der Vorgesetzte beantworten muss.

Aber Achtung! Manchmal vermischen sich Zustände und Phasen. Auf die Eröffnung des Gesprächs könnte der andere auch wie folgt reagieren: Sackt in sich zusammen, schüttelt den Kopf und sagt leise: »Warum ich?«

Ist dies eine echte Frage? Nein. Sie richtet sich nicht an den Gesprächsführer, sondern an den Fragenden selbst. Sie ist sprachlicher Ausdruck des Schocks und der Verwirrung. Würde der Gesprächsführer dies missverstehen und erleichtert entgegnen: »Diese Frage können wir Ihnen beantworten. Frau Wohlgemuth würden Sie bitte etwas dazu sagen?«, wäre dies ein Fehler, der den inneren Rückzug des betroffenen

Mitarbeiters verstärken und gleichzeitig die Rolle von Frau Wohlgemuth belasten würde.

Dieters Frage nach dem »Warum ich?« kommt etwas früh, ist jedoch eine ernstzunehmende Frage.

Dieter: »Aber das kann doch nicht sein. Ich bin seit …wieviel? …18 Jahren hier. Ich habe mir nie was zu Schulden kommen lassen. Warum ausgerechnet ich? Frau Wohlgemuth? Was sagt die Personalabteilung dazu?«

Indem Dieter diese Frage an Frau Wohlgemuth richtet und seinen Chef dadurch aus dessen Führungsrolle nimmt, versucht er sich etwas Dominanz zu verschaffen und Gegenwehr zu zeigen. Dies hat eine leichte Anmutung von Provokation. Insofern ist die Frage doppeldeutig. Roland geht mit diesem plötzlichen Impuls sehr besonnen um und bewahrt seine Kollegin vor einem unangenehmen Moment.

Roland: »Dieter? Das beantworte ich dir. Das ist ja meine Entscheidung.«

Dieter: »Ja, was?«

Roland nimmt die Doppeldeutigkeit der Frage wahr und bringt das Gespräch wieder in eine geordnete Struktur zurück. Gleichzeitig bemerkt er noch etwas anderes.

Dieter befindet sich noch nicht in der Phase des »Warum ich?«. Dies erkennt man daran, dass der Zustand, aus dem heraus er die Frage stellt, emotional mehrdeutig und er innerlich noch nicht klar und gesammelt ist. Er formuliert dies so:

»Aber das kann doch nicht sein. Ich bin seit ...wieviel? ...18 Jahren hier. Ich habe mir nie was zu Schulden kommen lassen. Warum ausgerechnet ich? Frau Wohlgemuth? Was sagt die Personalabteilung dazu?«

Mit dieser Frage sendet er fünf Signale:

(1) Verneinung: »Es kann doch nicht sein.«
(2) Bindung: »Ich bin seit 18 Jahren hier.«
(3) Loyalität: »Ich habe mir nie was zu Schulden kommen lassen.«
(4) Fassungslosigkeit: »Warum ausgerechnet ich?«
(5) Kampfbereitschaft: »Frau Wohlgemuth? ...«

All diese fünf Signale sind emotional stark aufgeladen und überlagern die Warum-ich-Frage. Hier gilt die alte Regel: Erst Emotionen bearbeiten, dann zum Sachinhalt überleiten. Hierfür folgt Roland der stärksten Ladung. Dies klingt zunächst einfach, erfordert jedoch eine besonders empathische Aufmerksamkeit. Bindung und Loyalität haben in diesem Fall für Dieter die spürbar größere Bedeutung.

Würde Roland dies übersehen und ignorieren, würde sich Dieter im Selbstwert verletzt fühlen und sich zurückziehen und möglicherweise das Gespräch verweigern.

Wir haben noch nichts über Dieters Persönlichkeitsstruktur gesagt. Aus dem was Dieter mitgeteilt hat, wissen wir was ihm wichtig ist. Familie und das Wohlergehen der Kinder. Gleichzeitig ist er ein Mensch, dem langjährige Beziehungen, auch Geschäftsbeziehungen, wichtig sind und der seine Aufgaben mit einer soliden Berufsehre ordnungsgemäß erfüllen möchte. Bindung und Loyalität. Er verfügt also über eine Persönlichkeitsstruktur, die Beziehungselemente mit Ordnungsanteilen verbindet. Solche Menschen blicken gerne zurück und finden in der Zeit, die sie mit anderen verbracht und in der sie etwas geschaffen haben, Erfüllung und persönlichen Wert. Deshalb muss dies gewürdigt werden, bevor das Gespräch in die Warum-ich-Phase übergeht.

Roland: »Ich merke, du bist echt aufgebracht jetzt.«

Dieter: »Ja, langsam werde ich irgendwie sauer.«

Roland: »Ja, verständlich, ich hab' auch nichts dagegen, dass du das hier rauslässt.«

Dieter: »Schon gut.«

Roland: »Warte mal, du sagst: »18 Jahre …«.

Dieter: »Das ist ´ne lange Zeit.«

Roland: »Ja, das stimmt. Und ich finde das sehr ehrenwert.«

Dieter: »Es nützt aber alles nichts.«

Roland: »Es ist trotzdem ehrenwert.«

Dieter: »Danke. Warum ich?«

Erst jetzt entwickelt Roland eine Antwort. Hierfür gibt es zwei Wege. Er könnte begründen warum er sich *gegen* Dieter entschieden hat oder er kann begründen warum er sich *für* neun andere Kolleginnen und Kollegen entschieden hat. Der erste Weg wäre negativ, defizitär und vergangenheitsorientiert und würde sofortigen Widerspruch hervorrufen, der nur sehr schwer zu widerlegen wäre. Wir erinnern uns: Die Personalakte ist dünn.

Der zweite Weg ist positiv und zukunftsorientiert und schont Dieters Selbstwert.

Roland: »Dieter, ich muss von 12 Mitarbeitern auf neun runter. Das ist entschieden. Das muss ich machen. Das ist die Realität.«

Dieter: »Kann ich ja verstehen, aber warum ich? Bin ich einer der Schlechtesten? Schau doch mal in die Akte. Alles gut.«

Dieter rutscht wieder aus der Position eines echten Dialogpartners heraus. Roland muss nacharbeiten.

Roland: »Du fühlst dich echt verletzt jetzt, oder?«

Dieter: »Irgendwie schon.«

Roland: »Versteh' ich und dies ist nicht meine Absicht. Ich schätze dich, wir kennen uns schon eine ganze Weile und haben uns immer gut verstanden.«

Roland zeigt Empathie und würdigt Dieter. Nicht immer ist dies in einem solchen Gespräch möglich, weil man sich ja schließlich von jemandem trennen möchte, den man nicht mehr für zukunftsgeeignet hält oder der tatsächlich bereits seit langem auf der »Liste« der Trennungskandidaten steht. In unserem Fall ist eine Würdigung aber möglich und sollte auch gebührenden Platz finden.

Sprache und Verhalten Nr. 4: Person würdigen und Selbstwert stärken

Führungskräfte befürchten manchmal, sich durch eine positive Würdigung des Mitarbeiters in eine widersprüchliche Lage zu begeben, die dem Mitarbeiter einen Ausweg eröffnen könnte.

Dieter: »Danke Roland. Aber du sagst es doch selbst, ich bin ein verlässlicher Mitarbeiter. Und jetzt willst du mich loswerden. Das ist doch ein Widerspruch. Jetzt sag doch mal was dazu.«

Hinsehen, Wahrnehmen, die richtigen Worte finden, Ansprechen:

Roland: »Dieter, jetzt versuchst du, den Spieß umzudrehen. Ich sage, dass ich dich schätze und das meine ich auch so. Und es gilt beides. Dass ich dich schätze UND dass es eine Realität gibt, der wir uns beide stellen müssen. Du genauso wie ich.«

Spätestens jetzt ist der Moment gekommen, die Warum-ich-Frage zu beantworten. Roland wählt den positiven Pfad solange dies möglich ist.

Dieter fragt mehrmals hartnäckig nach.

Dieter: »Und du meinst, ich kann das nicht?«
[…]

Dieter: »Ich scheinbar nicht.«
[…]

Dieter: »Aber ich bin doch nicht ahnungslos.«
[…]

Dieter: »Aber die anderen sind vermutlich jünger.«

[…]

Dieter: »Altes Eisen, sage ich nur. Wird sich meine Frau freuen. Und wie ich das meinen Töchtern erklären soll, weiß ich auch nicht.«

[…]

Dieter: »Du sagst damit, dass ich in deinen Augen nicht geeignet bin.«

[…]

Roland bleibt in unserem Fall auf diesem positiven Pfad und hat damit Erfolg. Dieter gibt sich die harte Antwort scheinbar selbst und bewegt sich in der Veränderungskurve weiter. Zunächst jedoch versucht er noch ein letztes Mittel. Er stellt die Richtigkeit der Entscheidung in Frage.

Dieter: »Das verstehe ich ja, aber deine Auswahl muss ja nicht richtig sein.«

[…]

Hier schließt sich der Kreis zu Kapitel 04: Die Entscheidung. Wir haben gesagt, dass die Entscheidung nicht justiziabel sein muss, sondern nur plausibel und nicht willkürlich. Willkür verletzt die Würde und erzeugt nachhaltigen Widerstand. Eine plausible

Entscheidung setzt sich aus zwei Faktoren zusammen:

- Sachliche Kriterien,
- Bewertung der Kriterien.

Roland hat sachliche Kriterien vorgetragen: Reduzierungsvorgaben als nicht diskutierbarer Rahmen, Veränderung der Aufgaben durch neue digitale Arbeitsabläufe, höhere Komplexität des Umfelds, Verdichtung der Anforderungen und höhere Leistungsansprüche, Belastungen durch verringertes Personal, Qualität der Kollegen.

Dieter hat schließlich verstanden, dass die Entscheidung nicht willkürlich erfolgt ist und gibt an dieser Stelle auf. Seine letzte Frage: »Du sagst damit, dass ich in deinen Augen nicht geeignet bin«, beantwortet er offensichtlich innerlich selbst und vermeidet damit das Aussprechen dieser unangenehmen Wahrheit durch Roland. Dies ist seinem hohen Beziehungsanteil geschuldet, der letztlich starken Konfrontationen und Konflikten eher aus dem Wege geht. Ein Gesprächspartner, der nicht diese starke Beziehungsprägung hätte, würde weiter nachsetzen. Dann müsste Roland tatsächlich am Ende seiner Positiv-Strategie den unvermeidlichen Satz sagen: »Ja, ich halte die anderen Kollegen tatsächlich für geeigneter.« Dieser Satz hätte aber nicht mehr den Charakter einer sachlichen Aussage. Diese ist schon vorher vollzogen und verstanden worden. Die Aufforderung seitens des Mitarbeiters, diesen Satz auszusprechen, ist lediglich ein letzter Zug zur Wahrung der Würde und ein letzter Test der Standhaftigkeit und Entschlossenheit des Gesprächsführers. »Sag es mir direkt ins Gesicht« ist nur ein symbolischer Akt, der, wenn er vollzogen wird, den Beteiligten ermöglicht, den nächsten Schritt zu gehen. Dieser nächste Schritt besteht darin, die Richtigkeit der Bewertung der Kriterien in Frage zu stellen.

Dieter: »Das verstehe ich ja, aber deine Auswahl muss ja nicht richtig sein.«

Die darin enthaltene Herausforderung ist sowohl berechtigt, als auch aussichtslos. Sie ist berechtigt, weil es bei jeder Auswahlentscheidung zwischen Mitarbeitern nach einer auf Kriterien basierten Rangfolge immer einen Grenzbereich gibt, in dem die Bewertung der Kriterien verschwimmt und eine klare Abgrenzung nicht mehr eindeutig möglich ist. Wenn von zwölf Mitarbeitern neun verbleiben und drei gehen müssen, dann sind die Kriterien für die Rangnummern 1 und 12 vermutlich eindeutig begründbar und in ihrer Unterscheidung und Abgrenzung klar. Aber was ist mit den Rangnummern 9 und 10? Nummer 9 darf bleiben, Nummer 10 muss gehen. Oftmals lassen sich Kriterien und Bewertungen an dieser Grenze nicht mehr klar darstellen. Dennoch muss entschieden werden. Und zwar durch die Führungskraft. Und dies ist allen Beteiligten klar. Wenn Roland also sagt:

»Weißt du Dieter, über meine Entscheidung kann man ewig streiten. Es ist aber nun mal meine Verantwortung. Ich muss diese Entscheidung treffen. Und das mache ich. Das habe ich getan. Und dazu stehe ich auch«, … dann ist dies nicht Ausdruck von Willkür, sondern von einem klaren Rollenverständnis, verletzt nicht den Selbstwert des Mitarbeiters und stärkt eher den Respekt für den Vorgesetzten. Roland muss also eine Diskussion über die Qualität seiner Bewertung der Kriterien in Bezug auf die einzelnen konkreten Personen nicht führen. Er darf diesen Versuch unterbinden und setzt dadurch seinen Gesprächspartner nicht herab. Zusätzlicher Widerstand entsteht nicht. Durch den Zuwachs an Respekt gegenüber Roland nimmt der Widerstand sogar ab. Damit ist die Warum-ich-Frage erledigt und diese Phase abgeschlossen. Dies erkennt man daran, dass der Mitarbeiter in die nächste Phase der Veränderungskurve eintritt. Die Verneinung.

8. Verneinung

Dieter: »Aber Roland, es kann doch nicht sein, dass es für mich nach all den Jahren nicht wenigstens eine andere Stelle in diesem Betrieb gibt.«

Roland und Britta haben bislang durch ihre Gesprächsführung dazu beigetragen, dass sich Dieter sammeln und sein anfänglicher Widerstand vermindern konnte. Es entsteht dadurch ein Gesprächsfluss, dem sich Dieter nicht entziehen kann. Wenn er innerlich an die Grenzen der jeweiligen Phasen gelangt, ist der Übergang in die nächste Phase unvermeidlich.

Jede Phase der Veränderungskurve verlangt von den Gesprächsführern unterschiedliche Verhaltensweisen.

Die Eröffnung verlangt klare Worte. In der Schockphase wird auf empathische Weise Raum für Emotionen gegeben. Für die Beantwortung der Warum-ich-Frage bedarf es klarer und sachlicher Kriterien und einer rollengerechten Abgrenzung in Bezug auf die Bewertung der Kriterien. Die Verneinung verlangt nun nach etwas ganz anderem.

Verneinung ist ein Zustand der Realitätsverweigerung. Intensität und Beharrlichkeit sind abhängig von Situation, Persönlichkeitsstruktur und erlebter Erfahrungswelt des Gesprächspartners. Sie korreliert mit der Fähigkeit zur Selbstreflexion und damit zur Fähigkeit mit der veränderten Situation angemessen zukunftsorientiert umgehen zu können. Hier entscheidet es sich, ob ein Fall ein

»Worst Case« ist oder eher in die Kategorie »normaler« menschlicher Verhaltensweisen fällt.

Dieter verhält sich »normal«, weil seine Fähigkeit zur Selbstreflexion uneingeschränkt vorhanden ist. Seine Verneinung ist schockbedingt unvermeidlich, sie lässt aber nach, wenn ihm Raum zur Sammlung und Selbstreflexion eingeräumt wird und er die verschiedenen Aspekte der sichtbar werdenden Realität erkennt. Auch wenn die Aspekte dieser Realität widersprüchlich sind: Kündigungsschutz versus Personalabbau. Widersprüchlichkeit führt in diesem Fall nicht zu Verneinung, sondern wird als Bestandteil der Realität erkannt, mit dem sich Dieter nun auseinandersetzen muss. Roland kann die Verneinung jedoch nicht ignorieren, sonst würde sie bestehen bleiben. Gäbe er ihr bewusst Raum, würde sie ebenfalls bestehen bleiben und sich sogar verstärken.

Roland: »Ich merke, dir fällt es schwer, die Realität anzunehmen. Das verstehe ich. Lass uns etwas Zeit dafür.«

Dieter: »Das ist nett von dir. Ja gerne.«

Hier wird die drohende Sackgasse sofort erkennbar. Verneinung verlangt ein etwas resoluteres Verhalten des Gesprächsführers. Das Mittel der Wahl lautet: Unterbrechen.

Sprache und Verhalten Nr. 5: Unterbrechen

Roland: »Jetzt greifst du zum Strohhalm.«

Roland: »Ich merke, dass es dir schwerfällt diese Realität an dich ranzulassen.«

Roland: »Dieter, Dieter, es gibt diese Realität. Und der müssen wir uns beide stellen.«

Unterbrechen erfolgt durch möglichst genaues Zurückspiegeln des Verhaltens und der inneren Haltung des Gesprächspartners. Menschen in der Verneinung vermeiden vor allem, sich selbst zu reflektieren, sie vermeiden gewissermaßen, in den Spiegel zu schauen. Das genaue Ansprechen des Verhaltens externalisiert die eingeschränkte Selbstreflexion und fordert das Gegenüber dazu auf, sich selbst zu betrachten. Dies ist eine methodische Vorgehensweise, die psycho-therapeutischen Sprachinterventionen nach-empfunden ist. Führungskräfte sind keine Therapeuten. Deshalb stellt diese Phase der Gesprächsführung eine besondere Herausforderung dar. Sie ist unangenehm und niemand würde dies freiwillig tun. Hier befinden sich beide Gesprächsparteien an der ultimativen Weggabelung. Ein Zurückweichen würde alles bisher Erreichte zunichtemachen. In der Realität kommt es vor, insbesondere wenn die Verneinung besonders intensiv ist, dass das Unterbrechen im ersten Gespräch nicht gelingt.

Dann muss vertagt und das Gespräch genau an dieser Stelle fortgesetzt werden.

Dies ist übrigens der einzige Grund, ein Trennungsgespräch zu vertagen. Ansonsten wird ein Gespräch bis zur Erörterung der Rahmenbedingungen und Optionen fortgeführt. Erst dann endet das Gespräch und der Mitarbeiter erhält die erforderliche Bedenkzeit.

Achtung: Verwechselungsgefahren

Manchmal äußern Mitarbeiter Befürchtungen, die von Gesprächsführern irrtümlicherweise als Verneinung verstanden werden.

Beziehung
»Wie soll ich das meinen Kindern erklären?«

Ordnung
»Wer soll denn dann meine Arbeit machen?«

Leistung
»Wie sollen die Projekte weiterlaufen? Wir sind doch mittendrin.«

Territorium
»Wie? Und ausgerechnet Sie glauben, dass ich mit Ihnen einen Vertrag unterschreibe? Träumen Sie weiter.«

Innovation

»Aber wir haben doch diese geile Idee. Da sind doch jetzt alle dran. Wie soll das gehen?«

Die Versuchung ist groß, dies als Ausdruck einer Verneinung zu verstehen und zum Werkzeug des Unterbrechens zu greifen. Vermutlich liegt dies daran, dass wir selbst möglichst schnell aus dem Gespräch wieder herauskommen wollen und ungeduldig werden.

Testen Sie selbst: Welche Wirkung würden Sie erzielen, wenn Sie auf diese fünf Einwände mit einer Unterbrecher-Intervention antworten würden?

»Darum geht es doch jetzt gar nicht.«

»Darüber müssen Sie sich keine Gedanken machen. Lassen Sie das mal meine Sorge sein.«

»Ich merke, Sie wollen das alles nicht wahrhaben.«

»Ich habe den Eindruck, dass Sie die Realität nicht an sich heranlassen wollen.«

»Sie greifen jetzt nach einem Strohhalm«.

Sie merken vermutlich selbst, dass solche Sätze die Wucht des Widerstands verstärken würden. Dies liegt daran, dass die Einlassungen der

Gesprächspartner kein Ausdruck der Verneinung sind, sondern echte Befürchtungen, denen wir Raum geben müssen.

Beziehung
»Wie soll ich das meinen Kindern erklären?«

»Ich merke, dass hier das Fundament Ihrer Familie berührt ist.«

Ordnung
»Wer soll denn dann meine Arbeit machen?«

»Ich verstehe, dass Sie diese Frage stellen. Sie möchten, dass das, was Sie hier geschaffen haben, weitergeht. Lassen Sie uns schauen, wie wir das tun können. Und: lassen Sie uns auch schauen, was real möglich ist.«

Leistung
»Wie sollen die Projekte weiterlaufen? Wir sind doch mittendrin.«

»Ehrlich, so kenne ich Sie. Immer in Bewegung. Ich merke, Sie können nicht innehalten.«

Territorium
»Wie? Und ausgerechnet Sie glauben, dass ich mit Ihnen einen Vertrag unterschreibe? Träumen Sie weiter.«

»Ich merke, Sie sind ein harter Brocken. Mit Ihnen zu verhandeln ist für jeden die Höchststrafe. Ich sag' Ihnen was. Da haben wir was gemeinsam.«

Innovation
»Aber wir haben doch diese geile Idee. Da sind doch jetzt alle dran. Wie soll das gehen?«

»Ich weiß, Sie sind ein kreativer Geist. Sie sind voll im Flow. Und das ist jetzt ein ganz blöder Moment. Echt. Ich weiß.«

Erst wenn diese Befürchtungen und Gedanken einen Raum für Reflexion gefunden haben, können die Gesprächspartner innerlich den nächsten Schritt vollziehen.

Vielleicht wundern Sie sich über die Anmerkungen zum territorialen Persönlichkeitstypus. Seine dominante und selbstbewusste Einlassung sieht zunächst nicht danach aus, dass er Befürchtungen hätte. Aber auch dieser Typus hat sie – tief im Inneren. Erstens droht gerade der Verlust seiner Einflusssphäre, gegen den er sich kämpferisch in Stellung bringt. Und zweitens besteht die größte Befürchtung darin, dass er einen solch schmachvollen Vertrag mit einem Weichei abschließen müsste. Dies würde er freiwillig nie tun. Deshalb sind seine Repliken Ausdruck von Verteidigung seines Territoriums und gleichzeitig Test der Standhaftigkeit des

Gegenübers. Wer diesen Test nicht besteht, wird nie eine Unterschrift erhalten.

Mit dem Satz: »Sie klammern sich an einen Strohhalm«, gewinnen Sie hier nichts. Sie riskieren nur folgende Antwort: »An einen Strohhalm kannst du dich klammern. Du bist klein genug dafür, du Winzling.«

Fazit: Bleiben Sie geduldig. Nehmen Sie sich die erforderliche Zeit, bis Sie ganz sicher sind, dass der Gesprächspartner durch Schock, Sammlung, die Warum-ich Frage und eventuelle Gegenattacken und Tests hindurchgegangen ist. Dann erst wird die Verneinung sichtbar.

9. Ärger

Gelingt es, die Verneinung zu unterbrechen, entsteht ein plötzlicher Moment klarer Sicht. Die Dinge zeigen sich ohne Realitätsverzerrung so wie sie tatsächlich sind. Deshalb ist diese Gesprächsführung nicht manipulativ. Sie fordert geradezu den ungeschönten Blick auf alle Aspekte der Realität. Dies wird oft als äußerst unangenehm empfunden. Verneinung ist ein Zustand der Verdrängung und damit ein Kokon, der Schmerzliches beschwichtigt, unschöne Realitäten fernhält und Wohlfühlen ermöglicht. Dieser Kokon ist natürlich eine Illusion. Sprachliches Unterbrechen lässt diese Illusion zerplatzen. Dies ist hart aber notwendig. Die fast unvermeidliche Folge ist Ärger.

Roland: »Ich merke, du bist echt aufgebracht jetzt.«

Dieter: »Ja, langsam werde ich irgendwie sauer.«

Roland: »Ja, verständlich, ich hab' auch nichts dagegen, dass du das hier rauslässt.«

An dieser Stelle ist es hilfreich, wieder Raum zu geben. Dies entspricht nicht ganz unserem Instinkt und unserem Empfinden für gutes Benehmen. Wir neigen eher dazu, solche emotionalen Ärgerausbrüche zu unterdrücken.

Roland: »Bitte keine Wutausbrüche und persönlichen Angriffe hier. Achte auf deine Sprache, Dieter.«

Dies hätte aber zwei ungünstige Folgen. Erstens würde Roland durch diese Disziplinierungsmaßnahme den Gesprächsfluss stören, und zwar kurz vor dem alles entscheidenden Moment der mentalen Einsicht.

Mit unterdrückter Wut wird Dieter nie einen Aufhebungsvertrag unterschreiben. In dem Augenblick, wo er den Stift auf das Vertragspapier setzen würde, käme der Ärger hoch und würde sich bahnbrechen. Ein Abschluss käme so nicht zustande.

Zweitens, und dies ist sogar noch wichtiger, würde Roland die Kontrolle über den emotionalen Zustand von Dieter aus der Hand geben und würde ihm gestatten, den Gesprächsort voller aufgestauter Wut zu verlassen.

Wir achten immer darauf, in welchem Zustand der Gesprächspartner den Raum verlässt.

Roland: »Und wie gehst du jetzt zur Tür raus?«

Dieter: »Wie schon?«

Roland: »Dieter, ich weiß, das hier ist 'ne Mistsituation. Und deswegen Danke, dass du das Gespräch mit uns heute so geführt hast. Ich weiß, dass das nicht leicht war.«

10. Die kollektive Veränderungskurve

Dieter wird nach dem Gespräch sofort von seinen Kolleginnen und Kollegen in Empfang genommen und ausgefragt. Würde er mit aufgestautem Ärger den Raum verlassen, würde sich dieser Ärger jetzt Luft verschaffen, die aufgeladene Stimmung würde sich im Haus verbreiten und Roland und Britta würden zu Feindbildern. Jeder weitere Gesprächspartner würde mit hochgefahrenem Visier in das Gespräch kommen und Roland und Britta die Gesprächsführung erschweren. Geben wir dem

Mitarbeiter stattdessen Raum, um seinem Ärger in unserer Gegenwart kontrolliert Ausdruck zu verleihen, verlässt er den Raum in einem weniger aufgeladenen Zustand. Dies verändert auch die Wirkung auf die Kolleginnen und Kollegen.

Kollege: »Mensch Dieter, wie war's? Was haben die mit dir gemacht?«

Dieter: [Genervt] »Scheiß war's. Ich bin meinen Job los.«

Kollege: »Lass' dir bloß nichts gefallen. Vielleicht geht ja noch was.«

Dieter nickt geistesabwesend.

Die Kollegen ziehen sich zögerlich und etwas peinlich berührt zurück.

Dieters Zustand überträgt sich auf die Beteiligten und ohne die emotionale Ärgeraufladung entsteht eher ein Gefühl der Unvermeidbarkeit.

Die unausgesprochene Botschaft lautet: Widerstand ist zwecklos.

Auf diese Weise entfaltet die gelungene Gesprächsführung eine kollektive Fernwirkung, die für alle weiteren Gespräche hilfreich ist.

Dieser kollektive Effekt ist bedeutsam. Angenommen ein Unternehmen hat nicht nur wenige Einzelfälle zu lösen, sondern muss sich von einer großen Anzahl Mitarbeiter trennen. Dies ist ein Einschnitt von unternehmerischer Tragweite, der die gesamte Belegschaft erfasst, solidarisiert und sich in einer kollektiven Verneinung manifestiert. Wenn der konkrete Tag kommt, an dem die ersten Gespräche geführt werden, entsteht eine beachtliche Dynamik: Es setzt eine kollektive Veränderungskurve ein.

Diese ersten Gespräche markieren einen Realitätsimpuls gegen die unvermeidliche kollektive Verneinung und werden von allen genau wahrgenommen. Das Einzelgespräch wird dadurch zu einem Kommunikationsvorgang, der sich gleichzeitig an die gesamte Belegschaft richtet.

Roland und Britta reden dann nicht nur mit Dieter, sondern gleichzeitig durch ihn stellvertretend mit allen anderen Betroffenen.

Dadurch erlangen die ersten Gespräche in der Anfangsphase eines solchen Personal-abbauprojekts eine besondere richtungsweisende kollektiv-psychologische Bedeutung. Je nach Umfang des Projekts kann diese Anfangsphase Wochen und Monate andauern. Darüber müssen sich die Gesprächsführer bewusst sein und deshalb müssen solche Projekte vom gesamten Unternehmen getragen und durch geeignete und abgestimmte Kommunikationsstrategien unterstützt werden. Roland und Britta dürfen hier nicht alleingelassen werden. Am günstigsten ist es, wenn möglichst viele Gesprächsführungs-Tandems parallel aktiv werden und die Ergebnisse und Erfahrungen koordiniert gesammelt, sortiert, bewertet und miteinander in kurzen Feedbackschleifen ausgetauscht werden.

Gleichzeitig dürfen Roland und Britta mit einer gewissen Gelassenheit in diese ersten Gespräche gehen. Es geht in dieser Phase weniger um schnelle Abschlüsse, sondern zunächst darum das System in seiner psychologischen Schwerfälligkeit in Bewegung zu versetzen, die kollektive Veränderungskurve in Gang zu bringen und Schritt für Schritt durch Kontinuität und Beharrlichkeit kollektive Widerstände zu vermindern. Dies macht die Arbeit nicht leichter, nimmt aber etwas vom Ergebnisdruck.

Wir haben diesen Abstecher in die Welt der systemischen Dynamiken unternommen, um zu illustrieren, dass unvermeidliche Ärgermomente während Trennungsgesprächen nicht unterdrückt werden dürfen, sondern ihnen kontrolliert Raum gegeben werden sollte. Dies ist ein wesentliches Element zur Befriedung der emotionalen Wucht des gesamten Systems.

11. Mentale Einsicht

Psychologen sagen, dass Verneinung mit Sekundärgefühlen verbunden ist, die andere, unangenehme Gefühle in einem Kokon einkapseln. Solche Sekundärgefühle können ein Leben lang halten. Ärger und Wut sind dagegen Primärgefühle, also authentische, spontane und situationsentsprechend echte Gefühle. Solche Gefühle lassen sich nur kurz aufrechterhalten. Gibt man Ärger Raum, löst er sich innerhalb von Sekunden oder wenigen Minuten auf. Danach entsteht ein eigentümlicher Zustand. Der betreffende Gesprächspartner ist durch ein Wechselbad der Gefühle gegangen. Schreck, Verwirrung, Schock, Widerstand, Verneinung, Ärger. Das komplette Arsenal innerer Abwehrmechanismen. Der Mensch erlebt wie sich diese Abwehr auflöst und er nunmehr einer ungewohnten Realität gegenübersteht. Er sammelt sich erschöpft und schaut sich um. Der erste Blick trifft natürlich auf die Gesprächspartner. In unserem Fall Roland, Britta und Tarik. Roland ist klar, unerschütterlich und gleichzeitig freundlich zugewandt. Er stellt keine Gefahr dar, auch wenn das Thema bedrohlich ist. Gleiches gilt für Britta. Tarik stört dieses Bild. Er hat sich als nutzlos erwiesen. In diesem Moment erkennt Dieter, dass er sich aus eigener Verantwortung dem Thema stellen muss. Dies ist der Moment der mentalen Einsicht. Jetzt kann Britta übernehmen.

Dieter: [Holt tief Luft] »Na dann zeigt her.«

Britta: »Das übernehme ich.

Erst jetzt ist Dieter in der Verfassung, den Text der Aufhebungsregelung zu lesen und zu verarbeiten. Ein erfahrener Gesprächsführer weiß, dass sich das Gespräch jetzt kurz vor dem Abschluss befindet. Wenn Dieter den Satz sagt: »Was ist denn da noch drin?«, dann ist die eigentliche Arbeit tatsächlich getan. Der Rest ist Formsache.

09 Wie Menschen entscheiden

Ich kann Ihre innere Stimme hören: »Das ist ja alles schön und gut. Aber warum unterschreibt Dieter am Ende, obwohl er doch kündigungsgeschützt ist und mit diesem Aufhebungsvertrag sich selbst und seine Familie in eine persönliche Krise stürzt? Verstehe ich nicht. Kann doch gar nicht sein.«

Diese Frage ist völlig verständlich, die Antwort darauf ist es aber vermutlich erst dann, wenn Sie eine solche Situation selbst erlebt haben. Was ich Ihnen nicht wünsche und was die meisten Menschen der hier angesprochenen Zielgruppe bisher auch nie selbst erleben mussten. Wir entwickeln also gerade eine Interaktionsstrategie für eine Extremsituation, die die meisten von uns nie erlebt haben und hoffentlich nie erleben werden. Dies macht den Erfahrungs- und Wissenstransfer zu einem eher theoretischen Vorgang, dem die erforderliche emotionale Komponente fehlt. Deshalb werden solche Gespräche idealerweise in Workshops mit Rollensimulationen spürbar gemacht und geübt.

Tauchen wir deshalb noch einmal hinein in Dieters tiefstes inneres Erleben.

Er erhält die Nachricht, dass er vom Personalabbau betroffen ist. Er erlebt dies als Schock. Der Verlust des Arbeitsplatzes rüttelt an seinen gedanklichen und emotionalen Koordinaten, die ihm Orientierung und Sicherheit geben und bedroht seinen familiären Lebensentwurf. Die emotionale Wucht dieser Nachricht wird auch nicht durch die arbeitsrechtliche Ausgangslage gemildert. Seit Jahrzehnten machen Menschen in Deutschland die Erfahrung, dass trotz Kündigungsschutz und gewerkschaftlichen Rationalisierungsschutz- abkommen Personal in großer Anzahl abgebaut wird und dies offensichtlich nicht verhindert werden kann. Arbeitsrecht schafft Sicherheit nur innerhalb stabiler Rahmenbedingungen. Werden diese Rahmenbedingungen in Frage gestellt, nimmt das Vertrauen in das Arbeitsrecht ab. Gegen das Schockerleben von Dieter verliert das Arbeitsrecht zunächst einmal an Bedeutung und Kraft.

Im Schock kann Dieter nicht mehr klar denken. Entweder erlebt er Momente der gedanklichen Leere oder Gedanken schießen ihm ungeordnet durch den Kopf. Er findet erstmal keine Klarheit, kann die Situation nicht einordnen und Risiken und mögliche Handlungsoptionen nicht sachlich sortieren. Er ist kurzzeitig handlungsunfähig.

Die Menschen in seiner Umwelt sind keine Hilfe. Niemand unterstützt ihn darin, seinen eigenen Zustand besser zu verstehen, sich selbst zu reflektieren und schließlich seine gedankliche und emotionale Stabilität wiederzuerlangen. Alle reden nur auf ihn ein. Alle fordern ihn nur auf, nichts zu unterschreiben. Niemand hilft ihm, eine eigene sachlich fundierte Entscheidung treffen zu können. Er wird zur Projektionsfläche der Sorgen und Ängste der Menschen um ihn herum oder derjenigen, die nochmal davongekommen sind und ihr schlechtes Gewissen irgendwie abwehren müssen. Kurz: Dieter fühlt sich alleingelassen.

In diesen Zustand hinein erfolgt jetzt das Gespräch mit Roland und Britta. Normalerweise würde sich jetzt jeder Gesprächsführer, der kein ausgebildeter Therapeut ist, vor einem solchen Gespräch fürchten. Wir haben jetzt jedoch eine andere Sicht. Für uns entsteht eine bislang unerkannte Gelegenheit, Dieter aus seinem Zustand der Verwirrung und Verzweiflung herauszuhelfen. In der Gegenwart von Roland und Britta erlebt Dieter zu ersten Mal ein geordnetes Gespräch, Menschen, die sich Zeit nehmen und ihn verstehen und würdigen und ihm helfen, sich zu sammeln. Der Widerspruch liegt darin, dass sich Roland und Britta von ihm trennen wollen. Dagegen möchte er sich wehren. Anfänglich wehrt er sich gegen Roland und Britta. Die liefern ihm aber keine Angriffsfläche. Im Gegenteil, sie behandeln ihn würdevoll und klar. Er kann seinen Kampf gegen die beiden nicht aufrechterhalten. Was bleibt ist sein Kampf mit der plötzlichen Lebenssituation. Roland macht dies sichtbar und spürbar, wenn er sagt:

Roland: [Zu Dieter] »Weißt du, mein Eindruck ist, dass du gerade mit dir kämpfst.«

Dieter stimmt dem zu, weil es seiner inneren Wahrheit entspricht. Er kämpft nicht mehr gegen Personen oder Feindbilder, sondern gegen gewichtige Fakten, die ihn unpersönlich herausfordern. Am Ende kämpft er mit sich selbst. Worum geht es bei diesem Kampf? Auf dem imaginären Feld der Arena stehen folgende Figuren:

Ein Unternehmen als unpersönlicher Arbeitgeber; ein Interessenausgleich und Sozialplan, die Fakten bestätigt und damit Tatsachen geschaffen haben; ein Betriebsrat, der sich für Dieter einsetzt, ihm Handlungsempfehlungen gibt oder ihm aber eher Handlungen und Unterlassungen auferlegt und abverlangt; eine Ehefrau, die dies, wenn auch gutgemeint, ebenfalls tut; zwei Töchter, die ihn ängstlich anschauen; Kollegen, die am Ende froh sind, dass sie nicht selbst vom Personalabbau betroffen sind; ein bombensicherer Kündigungsschutz für die nächsten zwei Jahre und schließlich Roland und Britta.

Was geschieht jetzt in Dieter? In welchem Zustand befindet er sich? Wir ahnen das Drama. Nachempfinden können wir es kaum. Dieter sieht sich in der Arena um und fühlt sich alleingelassen, fast schon verloren, handlungsunfähig für sich und seine Familie. Für einen beziehungsorientierten Menschen ist dies der schlimmstmögliche Zustand. Sein Selbstwert ist tief belastet. Seine Würde steht auf dem Spiel. Er sucht einen Ausweg. Er sucht einen Weg, seine Würde als Mensch zu wahren. Für sich und seine Familie. Wenn jetzt der Betriebsrat kommt und ihn auffordert, nichts zu unterschreiben, dann denkt Dieter nicht: »Ach so, gute Idee, danke, dass du mir das nochmal so deutlich sagst«, sondern er denkt vermutlich: »Du hast gut reden, Alter, du steckst nicht in meiner Haut.« Je mehr Leute auf ihn einreden, desto wahrscheinlicher wird er denken und vielleicht auch sagen: »Lasst mich doch alle in Ruhe.« Er erkennt: Die Entscheidung liegt allein bei mir. Niemand kann mir das abnehmen. Selbst meine

Frau kann das nicht. Ich muss das jetzt allein entscheiden. Dieter steht an einer fundamentalen Weggabelung in seinem Leben und kann dies nicht mehr vermeiden. Ausweichen ist nicht mehr möglich. Die Fakten sind geschaffen. Wie treffen Menschen an einer solchen Weggabelung Entscheidungen? Dieter hat jetzt folgende Optionen:

1. Er kann einfach nichts tun. Er kann jedes weitere Gespräch ablehnen und weiter zur Arbeit erscheinen. Er kann also so tun, als wäre nichts geschehen und einfach abwarten.

Kann er das wirklich? Nein! Dies wäre ein Rückfall in den Zustand der Verneinung. Dieter hat jedoch bereits die Erfahrung gemacht, dass er die Verneinung nicht aufrechterhalten kann. Jeden Morgen, wenn er in den Spiegel schauen würde, würde er die Realität sehen, die weiterhin ungelöst wie ein Damoklesschwert über seinem Leben und dem seiner Familie schwebt. Er würde erkennen, dass er seiner Rolle als Mensch, Mann, Ehemann und Vater nicht gerecht wird. Er würde spüren wie er seinen Selbstwert und seine Würde selbst erniedrigt und verletzt. Wie lange könnte Dieter dies aushalten? Vielleicht ein paar Tage. Mehr nicht. Niemand könnte dies. Niemand, dessen Gefühl für Würde, dessen Empathie, dessen Fähigkeit zur Selbstreflexion auf eine gesunde Weise einen wesentlichen Teil seiner emotionalen Persönlichkeit ausmacht. Er würde also nach wenigen Tagen sagen: »So kann es nicht weitergehen. Ich muss etwas tun.«

2. Er kann aktiv und voller Selbstbestimmung die Verhandlungen beenden, die Unterschrift verweigern und auf den Kündigungsschutz bestehen.

Was würden dann Roland und Britta tun? Sie würden ihn zu einem weiteren Gespräch einladen. Vielleicht würde Roland dies zunächst allein tun. Unter vier Augen.

Roland: »Dieter, mein Eindruck ist, dass du schwere Kämpfe mit dir ausgetragen hast.«

Dieter: »Das ist tatsächlich so. Und ich kämpfe weiter.«

Roland: »Weißt du was? Da habe ich großen Respekt vor.«

Dieter: »Danke. Heißt das, dass das Thema jetzt erledigt ist?«

Roland: »Weißt du warum ich davor großen Respekt habe?«

Dieter: »Nein.«

Roland: »Ich kann das wahrscheinlich nicht voll und ganz ermessen. Aber was ich denke ist, dass du die Verantwortung für dich und deine Familie spürst. Und dass du für sie einstehen möchtest.«

Dieter: »Das stimmt sogar.«

Roland: »Und genau das finde ich sehr respektabel.«

Dieter: »Dann sind wir also klar miteinander?«

Roland: »Dieter, was ist das für eine Frage? Du weißt doch selbst, dass das Thema damit nicht erledigt sein kann.«

Dieter: »Was willst du denn dagegen tun?«

Roland: »Was du jetzt machst ist, du lotest deine Optionen aus. Das zeigt mir, dass du von deiner Entscheidung selbst nicht überzeugt bist.«

Dieter: »Das ist krass. Ich fordere nur meine Rechte ein.«

Roland: »Du möchtest für deine Familie einstehen. Und du sagst, dass du das am besten tust, indem du an deinem Arbeitsvertrag festhältst.«

Dieter: »Genau.«

Roland: »Weißt du warum ich dein Verhalten auch noch respektabel finde?«

Dieter: »Du willst mich doch nur verunsichern und umstimmen, damit du deine Unterschrift bekommst.«

Roland: »Warte mal, jetzt müssen wir das Ganze nochmal sortieren. Du hast dich entschieden, den Kündigungsschutz einzufordern, ich suche das Gespräch mit dir und du fängst an, mich zu bekämpfen.«

Dieter: »So war das nicht gemeint. Es geht mir nur um meine Rechte.«

Roland: »Ich sortiere trotzdem: Du sagst, ich mache das hier nur, um eine Unterschrift zu bekommen. Richtig?«

Dieter: »Na ja, ist doch so, oder nicht?«

Roland: »Ich möchte drei Dinge. Ich möchte meine Abteilung fortführen. Ich möchte mich von dir trennen. Und ich möchte, dass du genau das tun kannst, was du dir vorgenommen hast, nämlich für deine Familie einzustehen.«

Dieter: »Das verstehe ich nicht.«

Roland: »Was du gerade machst, ist eben nicht, für deine Familie einzustehen. Du versuchst, einen Kampf zu führen, den du nicht gewinnen kannst. Das klingt vielleicht seltsam, aber ich finde das auch respektabel. Weil du deine

Verantwortung spürst und sie nicht aufgibst. Du kämpfst nur an einer falschen Stelle. Hier gibt es nichts zu gewinnen. Und mein Eindruck ist, du weißt das selbst.«

Dieter: »Aber was willst du dagegen machen?«

Roland: »Was ist das für eine Frage? Willst du mich testen?«

Dieter: »Aber ich bin doch im Recht.«

Roland: »Ja. Das bist du. Und jetzt?«

Dieter: » … «

Roland: »Erst einmal mache ich nichts ‚dagegen‘. Ich bin nicht dein Gegner. Du bist nicht mein Gegner. Ich mache etwas ‚für‘, für meine Abteilung. Ich müsste jetzt jemand anderes entlassen. Das werde ich nicht tun. Ist das verständlich?«

Dieter: »Das kann doch nicht dein letztes Wort sein.«

Roland: »Du suchst wieder nach einem Strohhalm. Du versuchst wieder, die Realität zu vermeiden. Das können wir beide nicht.«

Dieter: »Ich muss aber was tun.«

Roland: »Ja. Na klar. Dann tue was.«

Dieter: »Der Aufhebungsvertrag ist Mist.«

Roland: »Der Aufhebungsvertrag ist wie eine Münze mit zwei Seiten. Auf der einen Seite ist er Mist. Da hast du recht. Auf der anderen Seite ist er das, was er ist. Er ist eine Handlungsoption für dich.«

Dieter: »Ich muss nochmal mit meiner Frau reden.«

Roland: »Tue das. In drei Tagen sehen wir uns wieder.«

Was geht in Dieter vor? Er hat erkannt, dass er Verantwortung übernehmen und etwas tun muss, dass er seine Würde wahren muss. Er ist dabei jedoch wieder in eine Verneinung gerutscht, bei der er an der Ordnungs-Illusion des Arbeitsrechts festhält. Dieter steht an einer bedeutenden Weggabelung: Auf den bestehenden Kündigungsschutz verzichten oder nicht. Auf der einen Waagschale liegt das Arbeitsrecht. Was liegt auf der anderen? An dieser Stelle begegnen wir dem Mythos Arbeitsrecht.

10 Mythos Arbeitsrecht

Das Arbeitsrecht dient dazu, fremdbestimmter Arbeit einen sicheren und verlässlichen Rahmen zu verleihen und Arbeitende vor Willkür zu schützen. Dies ist grundsätzlich ein vernünftiges Anliegen. Es gibt jedoch einen Haken. Wir reden dabei nicht über die eigentümliche Umsetzung dieses Anliegens durch den Gesetzgeber und die damit verbundenen Konfliktdynamiken. Wir reden an dieser Stelle ausschließlich über die psychologische Wirkung von Schutzrechten auf die zu Schützenden.

Fremdbestimmte Arbeit erzeugt immer Abhängigkeitsverhältnisse. Die Lebensentwürfe der Arbeitenden hängen stets am seidenen Faden des Erfolgs des jeweiligen Unternehmens und der dort agierenden Führungskräfte.

Unter solchen unsicheren Bedingungen spielt Vertrauen eine große Rolle. Wir haben bereits gesehen, dass Menschen über ein uraltes sehr fein austariertes Vertrauensradar verfügen. Wenn sie im Kontext von Geschäftsbeziehungen auf die Beteiligten schauen, prüfen sie durch diesen neuronalen Scan folgende Kriterien [3]:

1. Sind sie präsent? Nehmen sie mich wahr? Werde ich in dem gesehen, was mir wichtig ist und was mir Sorgen bereitet?
2. Begegnen sie mir mit Wertschätzung und Respekt?

3. Sind sie kompetent?

4. Sind sie bereit, ihre Kompetenzen auch für mich einzusetzen und dabei meine Interessen als mindestens genauso wichtig wie ihre eigenen zu betrachten?

5. Kann ich mich dauerhaft auf sie verlassen?

Mit diesem Radar nehmen fremdbestimmt Arbeitende ihr Arbeitsumfeld wahr. Wenn wir die Kriterien des Radars vor diesem Hintergrund näher betrachten, wird sofort deutlich, dass sie niemals vollständig erfüllt werden können.

Prüfen Sie selbst. Werden Sie von Ihren Unternehmensführern auf eine echte Weise wahrgenommen? Glauben Sie den Satz: »Unsere Mitarbeiter sind uns wichtig«? Fühlen Sie sich stets respektiert? Haben Sie ein klares Bild über die Qualität der Kompetenzen Ihrer Führungskräfte? Sind Sie sicher, dass diese die Kompetenzen auch zu Ihrem Wohl einsetzen?

----

[3] An Integrative Model of Organizational Trust, Roger C. Mayer and James H. Davis, Department of Management, CBA, University of Notre Dame, Notre Dame, IN;

Können Sie sich dauerhaft auf Ihre Führungskräfte verlassen? Falls Sie diese Fragen mit Ja beantworten können, seien Sie froh und bringen Sie morgen Ihrer Chefin oder Ihrem Chef einen Blumenstrauß mit.

Die meisten Arbeitnehmerinnen und Arbeitnehmer haben dieses Gefühl nicht. Dies bedeutet, dass fremdbestimmt Arbeitende stets von drei Faktoren beeinflusst werden:

- Dauerhafte Abhängigkeit
- Mangelndes Vertrauen
- Latenter Kontrollverlust

Versuchen wir, uns noch einmal in Dieter hineinzuversetzen. Er erlebt gerade das Trennungsanliegen seines Arbeitgebers als Schock. Ein Ereignis kann nur dann einen Schock auslösen, wenn es auf eine empfindliche und verletzliche Stelle in unserem Unterbewusstsein trifft. Die verletzlichen Stellen in Dieter sind sein Pflichtgefühl gegenüber der Familie und die Notwendigkeit, für sich und seine Familie den Unterhalt verlässlich und über einen langen Zeitraum bereitzustellen. Er hat vermutlich immer gewusst, dass seine Verpflichtungen unter den Bedingungen der dauerhaften Abhängigkeit und der unsicheren Vertrauenslage stets einem hohen Risiko ausgesetzt waren, dass er in keiner Weise kontrollieren konnte. Wie konnte er unter diesen Bedingungen arbeiten? Würde er sich jeden Tag diese Ausgangslage ins Bewusstsein rufen, wäre er einem permanenten Angstdruck ausgesetzt und mindesten partiell handlungsunfähig. Was er innerpsychisch vollzogen hat, um diese Belastung abzuwehren, ist eine Kombination aus Unterordnung und Verdrängung. Die mit der Unterordnung verbundene Herabsetzung von Selbstwert und Würde, wehrt er durch Verdrängung ab. Gleichzeitig versucht er seine Würde aufrechtzuerhalten, indem er seine Position innerlich erhöht. Dies gelingt ihm durch angepasstes Wohlverhalten, mit dem er sich eine gefühlte Augenhöhe verschafft und den diffus wahrgenommenen Arbeitgeber beschwichtigt.

Dieter: »Aber das kann doch nicht sein. Ich bin seit …wieviel? …18 Jahren hier. Ich habe mir nie was zu Schulden kommen lassen. Warum ausgerechnet ich?«

Die innerlich empfundene Herabstufung wird gleichzeitig dadurch kompensiert, dass er gegenüber dem Arbeitgeber die Haltung eines Gläubigers annimmt und Forderungen erhebt.

Dieter: »Aber Roland, es kann doch nicht sein, dass es für mich nach all den Jahren nicht wenigstens eine andere Stelle in diesem Betrieb gibt.«

Dieter erwartet – tief unbewusst –, dass sein über ihm stehender Dienstherr für ihn, den darunter befindlichen abhängig Beschäftigten, einen Ausgleich für die Unterordnung leisten und für weitere Beschäftigung und Bezahlung sorgen möge.

Dies ist eine Illusion. Es handelt sich dabei um eine narzisstische Projektion von Fürsorgebedürfnissen auf eine dafür gar nicht zuständige Instanz. Dieses Phänomen beschreibt Otto F. Kernberg in seinem Buch »Ideologie, Konflikt und Führung – Psychoanalyse von Gruppenprozessen und Persönlichkeitsstruktur«, Klett-Cotta 2000. Ein beeindruckender Titel. Sie müssen dieses Buch nicht lesen. Das Zitat soll nur dem Gedanken Nachdruck verleihen, dass die emotionalen Erwartungen, die Menschen Arbeitgebern gegenüber aufbringen, häufig den Rahmen überschreiten, der dem Vertrags-verhältnis angemessen wäre. Diese Illusion wird durch das Arbeitsrecht und die jahrzehntelange interessengeleitete Aufladung durch Gewerk-schaften, Betriebsräte, Arbeitsgerichte und Politiker verstärkt.

An dieser Illusion hält Dieter fest solange er kann. Die Gesprächsführung von Roland und Britta, insbesondere die Unterbrechung der Verneinung, hat diese Illusion erschüttert. Dieter spürt den Schmerz, der durch die stets latent vorhandene Abhängigkeit, den Vertrauens-mangel und die nie vollständig zu erlangende Kontrolle verursacht und bis dahin erfolgreich abgewehrt worden war. Gleichzeitig spürt er in dem Schmerz noch etwas anderes. Er spürt Eigenverantwortung und Würde. Und hier schließt sich der Kreis zur Psychotherapie. Psychotherapie löst stets illusionäre emotionale und gedankliche Begrenzungen und führt zu Eigenverantwortung und Würde. Wäre dies für Patienten unerträglich, gäbe es Psychotherapie nicht. Das Gegenteil ist der Fall. Die Lösung von Abhängigkeits- und Fürsorgeillusionen und die Zumutung der eigenen Verantwortung für Lebensentwurf, Bindungen und Verpflichtungen schwächt den Patienten nicht, sondern stärkt ihn. Würde und Autonomie machen stark. Auch wenn der Mensch sich dadurch einer ungewissen Zukunft ausgesetzt fühlt.

Dieter spürt diese Wucht. Vielleicht zum ersten Mal. Für ihn löst dies einen inneren Kampf aus. Dies verdient Respekt. Unter anderem deshalb besteht die Pflicht des Vorgesetzten zu einer möglichst willkürfreien und sachlich nachvollziehbaren und würdegerechten Entscheidung. Hier könnte der Einwand kommen, dass man dann eben die Entscheidungen ausschließlich auf der Grundlage der vereinbarten Sozialplankriterien vollziehen dürfte. Dies übersieht aber die Tatsache, dass die in Deutschland üblichen Sozialplankriterien Alter, Betriebszugehörigkeit und Unterhaltsverpflichtungen zwar vereinbart, aber gleichwohl willkürlich sind. In Gesellschaften, die nicht überwiegend beziehungs- und ordnungsorientiert geprägt sind, sondern eher leistungsorientiert, hätten andere Kriterien Vorrang. Außerdem bestünde in jedem dieser Fälle der vereinbarte Ausschluss von betriebsbedingten Kündigungen, was am Ende zur gleichen Ausgangslage führt. Für die Würde ist nur die erkennbare Willkürfreiheit entscheidend.

Und diese Würde legt Dieter jetzt auf die Waagschale. Dies ist der Moment, der für Menschen, die eine solche Situation noch nie erlebt haben, am schwierigsten nachzuvollziehen ist.

In diesem Moment spürt sich der vor der Entscheidung stehende Mensch in seiner ganzen Tiefe an einem inneren Ort, an dem es keine Betriebsräte, Rechtsanwälte und kein Arbeitsrecht gibt. An diesem inneren Ort trifft er die Entscheidung. Mit der Würde legt er seine Identität auf die Waagschale. Ein größeres Gewicht kann es nicht geben. Dieter spürt dies. Würde er in diesem Moment den Kündigungsschutz wählen, würde er seine Würde selbst verletzen. Niemand kann das, ohne Schaden zu nehmen. Ich habe viele Menschen in diesen Momenten erlebt. Menschen, denen noch größere Ungewissheiten bevorstanden als Dieter. Es ist auf der einen Seite kaum erträglich, einem solchen diskreten und hochpersönlichen Moment beizuwohnen. Auf der anderen Seite ist es tief bewegend und verlangt größten Respekt.

Menschen treffen Entscheidungen schließlich immer auf der Grundlage ihres Würdeempfindens.

11 »Worst Cases« und Grenzen

Nun wird auch die Struktur von sogenannten »Worst Cases« erkennbar. Wir verstehen darunter Menschen, die sich entweder in einer extrem starken Verneinung befinden, eine eigene zweite Realität für sich geschaffen haben oder einfach mit voller Absicht das arbeitsvertragliche Rechtsverhältnis eigennützig ausbeuten. All diesen Fällen liegt eine eingeschränkte Empathie und ein verletztes und verdrängtes Würdeempfinden zugrunde. Dies wiederzubeleben ist eigentlich nicht die Aufgabe einer Führungskraft. Deshalb betreten wir mit dieser Gesprächsführung einen Bereich, der möglicherweise jenseits üblicher Stellenbeschreibungen liegt. Wir befinden uns hier in einem Grenzbereich. »Worst Cases« muss keine Führungskraft können. Hier kann es, wie oben angedeutet, dazu kommen, dass Gespräche wiederholt werden und sich die Gesprächsführer auf längere Prozesse einlassen müssen. Die Lösung solcher Fallsituationen liegt in der kollektiven Verantwortung aller Beteiligten. Etwa 5 – 10 % aller Fallsituationen sind potentielle »Worst Cases«. Erfahrenen Gesprächsführern gelingt es, von 10 solcher Fälle drei bis vier ins Positive zu wenden.

12 Im Notfall: Die EXIT-Strategie

Allen schwierigen Fallsituationen ist gemeinsam, dass die Gesprächspartner starke Abwehrmuster zeigen, die Selbstreflexion erschweren und damit den Prozess der Veränderungskurve blockieren. Solche Menschen können sich deshalb auch nicht angemessen an Veränderungen anpassen und sich entwickeln. Im Extremfall wird dies bereits bei der Eröffnung eines Trennungsgesprächs sichtbar. Angenommen Roland eröffnet wie oben beschrieben und der Gesprächspartner bleibt völlig ungerührt. Dies liegt nicht daran, dass er sich gut vorbereitet und seine Emotionen unter Kontrolle hat. Niemand kann das. Würde es jemand versuchen, könnte Roland dies leicht mit folgendem Satz unterbrechen:

Roland: »Frau Wohlgemuth hat Ihnen gerade eine sehr unangenehme Mitteilung gemacht. Sie bleiben völlig ungerührt. Das wundert mich. Mein Eindruck ist, Sie haben sich vorbereitet und versuchen jetzt Haltung zu bewahren. Respekt. Und gleichzeitig: es ändert nichts.«

Handelt es sich aber um einen Gesprächspartner in extremer Verneinung beziehungsweise in einer sehr exklusiven zweiten Realität, dann hat er die Worte von Frau Wohlgemuth tatsächlich nur als warmen Strom vorbeiziehenden Rauschens wahrgenommen. Der Inhalt ist an seiner Verneinung abgeprallt.

Was nun? Dies ist ein unangenehmer Moment. Die Veränderungskurve ist durch die Eröffnung nicht in Gang gekommen. Ein Schock oder wenigstens eine angemessene emotionale Betroffenheit wurde nicht ausgelöst. Dies bedeutet, wenn wir der Logik der Veränderungskurve konsequent folgen, dass der Gesprächsführer nunmehr vor der Aufgabe steht, dem verneinenden Gesprächspartner bewusst einen Schock zu versetzten.

Roland: »Frau Wohlgemuth hat Ihnen gerade eine sehr unangenehme Mitteilung gemacht. Sie bleiben völlig ungerührt. Mein Eindruck ist, Sie haben sich total verschanzt. Und Sie glauben, dass das nichts mit Ihnen zu tun hat. Das ist ein Irrtum.«

Wir befinden uns hier in einem Grenzbereich und es ist sehr wahrscheinlich, dass wir in einem solchen Szenario nach 10 – 15 Minuten einen Ausweg benötigen. Hierzu dient die Exit-Strategie. Sie ermöglicht zwei Dinge gleichzeitig. Wir können der Sackgasse an der starren Oberfläche der Verneinung gesichtswahrend entkommen und versetzen diesem extremen Schutzschild in der Rückwärtsbewegung noch einen Treffer. Die Wirksamkeit dieser Treffer wird darüber entscheiden, ob es im Verlauf der weiteren Gesprächsversuche gelingt, tatsächlich zu einem echten persönlichen Gespräch zu gelangen.

Für die Exit-Strategie wählen wir folgende Worte:

- Unterbrechen:

  »Warten Sie einen Augenblick! Ich möchte an dieser Stelle unser Gespräch unterbrechen.«

- Gespräch aus Meta-Position reflektieren:

  »Lassen Sie uns unser Gespräch einmal von außen betrachten. Was hätte ein außenstehender Beobachter gesehen?«

- Ziel wiederholen:

  »Mein Ziel war ..., insbesondere war es mein Ziel, ein persönliches Gespräch mit Ihnen zu führen.«

- Verhalten des Gesprächspartners spiegeln:

  »Sie haben ein solches Gespräch nicht zustande kommen lassen. Stattdessen haben Sie ständig abgelenkt, sind ausgewichen, haben die Arme verschränkt und sehr deutlich Ihre Ablehnung und Herablassung gezeigt.

Kurz: Sie haben 20 Minuten lang gemauert.«

- Folge Nr. 1:

»Das hat Folgen. Die erste Folge ist, dass ich mein Ziel nicht erreicht habe.«

- Eigene Gefühle und Gedanken aussprechen:

»Das empfinde ich aufgrund der letzten 20 Minuten als ausgesprochen respektlos. Und ich denke, wir haben hier einen kritischen Punkt erreicht und sogar schon überschritten.«

- Ansprechen:

»Mein Eindruck ist, Sie denken, dass Sie mit diesem Verhalten das Gespräch vermeiden können.«

- Statement:

»Das ist ein Irrtum. Nur, weil ich mein Ziel heute nicht erreicht habe, ist das Gespräch nicht vorüber. Wenn ich ein Gespräch beginne, bringe ich es auch zum Abschluss.«

- Folge Nr. 2:

  »Das bedeutet, dass wir dieses Gespräch fortsetzen werden. Sie erhalten noch heute eine Einladung von mir.«

- Ende des Gesprächs:

  »Damit ist unser Gespräch für heute beendet. Sie können jetzt gehen.«

Sollte der Gesprächspartner noch etwas sagen wollen, schneiden Sie ihm das Wort ab. Der gescheiterte Gesprächsversuch ist für heute beendet. Keine weiteren Worte mehr. Das Abschneiden der Worte führt dazu, dass der Betroffene das Gespräch als inneren Dialog fortführen wird. Und der letzte Eindruck, den das Gesprächsführungstandem hinterlassen hat, ist der von zwei sicheren Elfmeterschützen.

Es ist nicht erforderlich diese Worte mit Aggressivität vorzutragen. Lassen Sie sich diese Sätze in einem sachlichen Ton vorlesen und Sie werden merken, dass nicht Emotion oder Wucht wirken, sondern allein die Worte.

Worte sind Werkzeuge, die uns die Arbeit erleichtern.

13 Die Rolle des Betriebsrates

Vielleicht denken manche Leserinnen und Leser, dass unser Betriebsrat Tarik ein Weichei ist. Ich höre innere Stimmen, die sagen: »Herr Jork, Du kennst unsere Betriebsräte nicht!«

Nun, Sie merken, dass ich mich nicht so leicht beeindrucken lasse. Nicht umsonst gibt es auf Seite 13 diese kleine Szene:

Britta: »Das wird dem Betriebsrat nicht gefallen.«

Roland: »Erschreckt dich das?«

Britta: »Nein. Aus dem Stadium bin ich längst raus.«

Betriebsräte sind immer an diesen Gesprächen beteiligt und haben die Aufhebung von Arbeitsverhältnissen am Ende nie verhindern können. Dafür gibt es Gründe.

In einem sehr betriebsratsgeprägten Unternehmen sollten die Führungskräfte darin ausgebildet werden, Trennungsgespräche zu führen. Ein größerer Personalabbau stand bevor. Interessensausgleich und Sozialplan waren bereits abgeschlossen. Das Trainingsprogramm sollte den Betriebsräten vorgestellt werden. In einer zum Tagungsraum umfunktionierten Werkhalle versammelten sich rund 30 Betriebsräte. Die Stimmung war aufgeladen. Als ich das Podium betrat, rief einer: »Da kommt

George Clooney.« Der Tag fing gut an. Ich ging zu diesem vorlauten Kollegen hin, legte meinen Arm um seine Schulter und sagte: »Danke. Sie haben mir den Tag gerettet.« Diese Veranstaltung mündete in eine Übereinkunft, den Betriebsrat einen Tag lang selbst zu schulen. Volle Transparenz war das Gebot der Stunde. Ich hatte noch nie Betriebsräte geschult. Also schlug ich den Betriebsräten vor, das Modell der Gesprächsführung an ihren eigenen konkreten Fällen kennenzulernen, zu erleben und zu üben. Das sah so aus:

Ein Mitarbeiter, nennen wir ihn Paul, hatte gerade ein Gespräch mit Roland und Britta und geht danach sofort zum Betriebsrat. Dort trifft er auf Gerd.

Paul: »Mensch Gerd, ich bin völlig platt. Das kann doch alles nicht wahr sein.«

Gerd: »Erzähl mal.«

Paul erzählt ausführlich, was ihm mit Roland und Britta widerfahren ist. Er bewegt sich innerlich zwischen Schock, Verneinung und Ärger hin und her.

In welcher Rolle befindet sich jetzt der Betriebsrat?

Er hat zwei Möglichkeiten. Er kann den instabilen Zustand von Paul weiter aufladen und ihn als Kampfgefährten gegen den Arbeitgeber instrumentalisieren, oder er kann versuchen, Paul emphatisch zu entlasten. Dies ist eine Weichenstellung. Das Kriterium für die Wahl des einen oder anderen Weges ist das Ziel, dass sich in diesem Fall Gerd für das Gespräch mit Paul setzt. Gerd möchte auf alle Fälle, dass sich Paul beruhigt und das Gespräch mit Roland und Britta in aller Klarheit überdenken kann.

Gerd: »Jetzt beruhig dich erstmal. Ich mach´ dir einen Kaffee.«

Paul: »Aber was sagst du denn dazu? Das geht doch nicht. Ihr habt doch geregelt, dass es zwei Jahre lang keine Kündigungen gibt. Was soll der scheiß?«

Gerd: »Das stimmt. Das ist ja auch keine Kündigung. Die bieten dir eine Abfindung an.«

Paul: »Aber die muss ich ja nicht nehmen, oder?«

Gerd: »Nein, das ist alles freiwillig.«

Paul: »Dann bin ich ja beruhigt. Was mache ich jetzt?«

Gerd: »Abwarten.«

Paul: »Und Kaffee trinken.«

Gerd: »Genau.«

Was nun? Zwei Szenarien entstehen. So wie Paul werden jetzt auch alle anderen Kolleginnen und Kollegen das Gespräch mit dem Betriebsrat suchen. Dieser hat jetzt aber ein Dilemma. Er kann nicht jedem den Rat geben abzuwarten. Er weiß, dass die Aufhebungsgespräche unvermeidbar sind und dass es Sachzwänge gibt, den Personalabbau auch ohne Kündigungen zeitgerecht zu realisieren. Die vereinbarte Freiwilligkeit ist in sich widersprüchlich. Diesen Widerspruch kann der Betriebsrat nicht aufheben. Würde er sich kämpferisch gegen jede freiwillige Vereinbarung stellen, würde er Sinn und Zweck des von ihm selbst abgeschlossenen Interessenausgleichs und Sozialplans torpedieren. Er würde damit einen wirtschaftlichen Schaden für das Unternehmen in Kauf nehmen. Er könnte dies tun. Manche Betriebsräte verhalten sich auch so. Gesehen habe ich dies oft in Tarifverhandlungen. Nach Abschluss von Interessenausgleich und Sozialplan habe ich das noch nie in solch einer extremen Form erlebt. Widerstände wurden gesichtswahrend taktisch gespielt; für die erste Phase der Trennungsgespräche. Solange bis die Organisation gemerkt hatte, dass die Gespräche tatsächlich stattfanden und nicht verhindert werden konnten. Dann ließ der Widerstand nach.

Paul: »Sag mal, du hast mir gesagt ich soll abwarten. Aber die führen die Gespräche einfach weiter. Dürfen die das?«

Gerd: »Ja schon, das ist ja freiwillig.«

Paul: »Die wollen mich wirklich loswerden.«

Gerd: »Na ja, den Personalabbau werden wir nicht aufhalten können.«

Paul: »Aber wozu seid ihr denn da?«

Gerd: »Wir haben das sehr genau geprüft und alles getan, um die Belastungen so gering wie möglich zu halten.«

Paul: »Mist.«

Gerd: »Warte doch einfach nochmal ab.«

Paul: »Wieviel Leute müssen denn überhaupt gehen?«

Gerd: »Etwa 80.«

Paul: »Wieso ,etwa'?«

Gerd: »Einige sind schon über Vorruhestandsregelungen ausgeschieden, ein paar andere freiwillig. Bleiben noch etwa 80.«

Paul: »Mist.«

Gerd: »Stimmt.«

Dies war das erste Szenario. Nach Abschluss von Interessenausgleich und Sozialplan hat der Betriebsrat seine Arbeit getan. Mehr kann er nicht tun. Er kann gesichtswahrend in diesem Rollenvakuum lavieren, er kann die Verneinung einzelner Kolleginnen und Kollegen bestärken, aber er kann keine sichere Orientierung und keine eindeutigen Handlungsempfehlungen geben. Dies merken auch die Mitarbeiter. In diesem Zustand kommen sie jetzt, und dies ist das zweite Szenario, in das Gespräch mit Roland und Britta.

Paul: »Das ist alles Scheiße hier. Ich sag das gleich. Klar und deutlich. Ich unterschreibe nichts.«

Tarik: »Genau. Und deshalb müssen Sie Paul auch nicht mehr einladen. Jedes weitere Gespräch ist Mobbing.«

Britta: »Tarik, Sie sind echt ein Kämpfer vor dem Herrn.«

Tarik: »Genau.«

Roland: »Paul, und Sie sind supersauer.«

Paul: »Stimmt. Ich hab' mir hier jahrelang den Arsch aufgerissen und jetzt kommt ihr hier mit so einer scheiß Abfindung.«

Roland: »Was heißt das denn, ‚jahrelang den Arsch aufgerissen‘? Klingt so, als ob sich nie einer für Sie interessiert hätte«?

Paul: »Ist ja auch so.«

Britta: »Das klingt ja schrecklich. Erzählen Sie mal.«

Tarik: »Du musst hier gar nichts erzählen, klar?«

Paul: »Weiß ich selbst.«

Britta: »Und?«

Paul beklagt nun die unpersönlichen Arbeitsbedingungen, die monotone Tätigkeit und die ständig wechselnden Vorgesetzten. Er hat keine Lust mehr, das mitzumachen. Er ist tief frustriert und hat schon seit einiger Zeit innerlich gekündigt.

Roland: »Wissen Sie was ich jetzt sehe? Sie haben schon lange innerlich gekündigt. Sie haben irgendwie aufgegeben.«

Tarik: »Du musst das nicht beantworten.«

Paul: »Ist ja aber so.«,

Roland: »Paul, Sie sind ein Mann der klaren Worte.«

Paul: »Stimmt.«

Roland: »Dann kann ich doch auch klare Worte an Sie richten, oder?«

Paul: »Nur zu. Ich bitte darum.«

Roland: »Paul, das ist Mist.«

Paul: »Was?«

Roland: »Ihr Zustand.«

Paul: »Was soll an meinem Zustand Mist sein? Ich bin so, wie ich bin.«

Roland: »So wie Sie sind, sind Sie ja richtig. Nur Ihr Zustand ist es nicht.«

Paul: »Wieso?«

Roland: »Wir müssen unsere Abteilung verkleinern und mit weniger Leuten am Ende noch mehr machen. Ist doch klar, dass Sie in diesem Zustand nicht dabei sind. Sie werden dann eine Abfindung nehmen und weiterziehen. Aber wo ziehen Sie dann hin? Wer wird Sie einstellen, wenn Sie diesen Frust vor sich herschieben?«

Paul: »Ich kann mich ordentlich benehmen, wenn ich will.«

Britta: »Echt. Sie sind ja klasse. Zeigen Sie mir das mal.«

Paul: »Was soll das jetzt?«

Roland: »Paul, Sie kämpfen hier gegen Windmühlen. Sie haben ja jede Menge Power. Richtig aufgegeben haben Sie nicht …«

Paul: »Ich gebe nie auf.«

Roland: »Das ist gut. Dann bringen Sie die Power auf die Straße.«

Paul: »Sie wollen mich doch bloß loswerden.«

Roland: »Das ist Ihre Wortwahl. Das klingt so, als ob ich Sie nicht leiden könnte.«

Paul: »Ist doch so.«

Roland: »Nee, Sie nerven ein bisschen, aber das ist nicht der Grund warum wir hier sitzen.«

Paul: »Warum denn dann?«

Roland: »Paul, Sie sind echt geladen.«

Paul: »Ist ja auch kein Wunder.«

Roland: »Ist auch ´ne blöde Situation. Warum wir hier sitzen? Aus zwei Gründen. Ich muss meine

Abteilung neu aufstellen und das tue ich. Ist mein Job. Den mache ich. Das stehe ich. Und der zweite Grund ist, dass ich möchte, dass die, die hier keine Stelle mehr finden, also in diesem Fall: Sie!, tief Luft holen können, sich umdrehen können und die ganze Power in was Neues stecken können.«

Paul: »Sind Sie jetzt ein Samariter?«

Roland: »Fehlt nicht mehr viel.«

Paul: »Und was jetzt?«

Britta: »Mal einen Blick hier reinwerfen. Lesen. Nachdenken. Handeln.«

Paul: »Wenn es mir nicht gefällt, unterschreibe ich nichts.«

Roland: »Sie sind ein harter Brocken.«

Paul: »Genau.«

Roland: »Das bin ich auch. Da haben wir was gemeinsam.«

Paul: »Und?«

Roland: »Hier gibt es ein Missverständnis. Achtung jetzt kommt Klartext.«

Paul: »Bitte schön.«

Roland: »Wir haben ein Sozialplan. Den haben wir nicht umsonst. Der regelt das Geld. ‚Freiwillig' heißt nicht, dass Sie sich zurücklehnen und den Daumen heben oder senken. Wenn Frau Wohlgemuth sagt: Lesen. Nachdenken. Handeln, dann meint sie, dass Sie darüber nachdenken, was Sie mit dem Geld machen und vor allem wie Sie weiter machen.«

Paul: »Sie setzen mich unter Druck.«

Britta: »Als ob Sie ein Weichei wären.«

Paul: »Na dann zeigen Sie mal her, Frau Britta.«

Paul ist ein robuster Verhandlungspartner. Er entspricht eher dem territorialen Persönlichkeitstypus und respektiert dementsprechend nur Menschen, die ihm ähnlich sind. Mit ‚Weicheiern' würde er keine Verträge schließen. Dies würde seinen Selbstwert verletzen.

Wenn er sich nach diesem Gespräch im Raum umschaut, sieht er Roland und spürt zu seiner Verwunderung wechselseitigen Respekt. Gleiches gilt für Britta, die ihn tatsächlich überrascht hat. Gegen sie kämpfen würde er nicht. Sie noch ein bisschen testen, ja, etwas provozieren, ja, aber nicht bekämpfen. Und Tarik hat sich als überflüssig erwiesen. Er, Paul, hat sowieso nie irgendeinen Beistand benötigt.

Er steht jetzt vor beiden Waagschalen.

Welche Rolle hat also der Betriebsrat, nachdem, er den Interessenausgleich und Sozialplan abgeschlossen hat?
Eine juristische Rolle hat er nicht mehr. Er hat aber noch eine kollegiale Rolle. Und die besteht darin, den betroffenen Kolleginnen und Kollegen zu helfen, eine neue Zukunft zu gestalten. Und dies ist nur möglich, wenn jede und jeder einzelne die Veränderungskurve vollständig durchlaufen, die Verneinung hinter sich gelassen hat und ihre oder seine Kräfte zusammennimmt und nach vorne schaut. Nachdenken und handeln. Dafür muss der Kopf frei sein. Auch dazu dient diese Gesprächsführung.

Nach dem Workshop mit den Betriebsräten verließen viele grummelnd den Raum. Der Vorsitzende grinste. Er hatte verstanden. Wir befanden uns jetzt auf dem gleichen Spielfeld.

Nachschlag

14 Gegen den Instinkt

Die einzigen Werkzeuge, die wir zur Verfügung haben, sind Wahrnehmung und Sprache: Klare Botschaften senden, Raum geben, Kriterien und Entscheidungen sachorientiert und nachdrücklich vermitteln, Realitäten in den Blick bringen und innere Prozesse begleiten. Dies erfordert situatives Erkennen und Finden der passenden Worte. Jeder kann das. Die Worte auch auszusprechen erfordert Mut. Hier zögern viele. Dieses Buch soll Sie ermutigen, dies auch auszusprechen was Sie wahrnehmen.

Wahrnehmung, Worte und Furchtlosigkeit sind die Kernkompetenzen guter Gesprächsführer.

Gleichzeitig geht es nicht um den Gesprächsführer, sondern um dessen Gegenüber. Genauer gesagt, geht es um dessen

Würde. Ein einziges Signal reicht, um dies zu vermitteln:

»Ich sehe Dich.«

Die Gesprächsführung in Trennungsgesprächen verläuft an mehreren Stellen gegen unseren Instinkt. Ein solches Gespräch erfolgreich zu führen erfordert neben Wissen und Erfahrung vor allem die Kraft, seine eigenen Instinkte von einer alternativen Vorgehensweise zu überzeugen.

Wir kommen dem Gegenüber sehr nahe, um uns dann von ihm zu trennen.

Wir entwickeln Kontakt und Vertrauen, um die Unterschrift unter einem Aufhebungsvertrag zu erhalten.

Wir konfrontieren einen Menschen mit einer dramatischen Nachricht und begleiten ihn dann durch seinen inneren Sammlungsprozess.

Wir lösen Widerstände aus, um sie Schritt für Schritt wieder abzubauen.

Wir werden zum Feindbild und zuweilen angegriffen und bleiben dennoch verbunden, ohne uns zu verteidigen.

Wir bleiben mit unserer Aufmerksamkeit beim gegenüber, obwohl wir selbst unter Stress stehen.

Wir würdigen jemanden mit dem wir künftig nicht mehr zusammenarbeiten möchten.

Wir nehmen uns Zeit, obwohl wir eigentlich gar keine Zeit haben.

Wir nehmen uns mehr Zeit für ein Trennungsgespräch, als wir uns sonst Zeit nehmen für unsere besten Mitarbeiter.

Schließlich: Wir verkaufen ein Produkt, dass niemand haben möchte.

Niemand würde so etwas freiwillig tun. Nur die unvermeidbaren Notwendigkeiten fordern uns dies ab. Das Gute daran ist, dass wir Grenzen erkennen, furchtlos ausloten und sie überschreiten. Hinterher erkennen wir, dass unsere Befürchtungen nicht notwendig waren. Das, was uns lange zurückgehalten hat, können wir jetzt loslassen. Unsere Rolle als Führungskraft erhält eine neue Bedeutung. Ihr Umfang wächst. Gleichzeitig wird es für uns leichter, weil wir über neue Kompetenzen verfügen und weil wir uns weniger anstrengen. Wir lassen unsere Werkzeuge für uns arbeiten. Wir lassen die Sprache für uns arbeiten. Wir lassen Worte wirken.

Alles was ich in den über 30 Jahren als Berater, Trainer und Coach beitragen konnte, geht auf diese Gesprächsführung zurück. Diese Gesprächsführung lässt sich als Modell auf jeden Kontext übertragen: Führen, Verhandeln, Verkaufen, Beraten, Coachen, Reden halten, Konflikte lösen, Freundschaften knüpfen. Ich hätte den ersten Auftrag, Trennungsgespräche zu trainieren, damals im Jahre 2001 beinahe abgelehnt, weil ich dies nach 18 Jahren

Personalleitung mit all den vielen Kündigungen nie wieder machen wollte. Wie gesagt, niemand macht so etwas freiwillig. Ich auch nicht. Dies war vielleicht die wichtigste Weggabelung meines Berufslebens. Wichtige Weggabelungen erkennt man immer erst hinterher. Auch wenn das seltsam klingt und diesem Thema nicht angemessen erscheint: Dies war ein Glücksfall.

15 Krankengespräche – Wie alles anfing

Mein Freund und Kollege Jörg A. Petersdorf und ich begannen 1992, Führungskräfte der Berliner Industrie darin zu trainieren, mit strukturierten Krankengesprächen die zum damaligen Zeitpunkt hohen Krankenstände zu senken. Genauso wie Trennungsgespräche mit unkündbaren Mitarbeitern war dies für Führungskräfte unwegsames Gelände. Wir entwickelten eine Gesprächsführungsstrategie und setzten sie erfolgreich um. In der Fachzeitschrift PERSONALFÜHRUNG veröffentlichten wir im Juli 1996 unsere Erfahrungen. Mit der freundlichen Genehmigung des Verlages drucken wir diesen Artikel hier noch einmal ab.

Im Jahr 2001 erhielten wir den Auftrag von einem großen Versicherungsunternehmen, Trennungsgespräche zu trainieren. Wir bauten auf unseren Erfahrungen auf und entwickelten die hier dargestellte Methode.

Krankengespräche leicht gemacht

Ein Blick in die Praxis

In der Praxis treffen sämtliche Strategien zur Fehlzeitenreduzierung früher oder später auf einen Engpaß: dem Krankengespräch zwischen dem Vorgesetzten und dem betroffenen Mitarbeiter.

Engpaß Krankengespräch

Was anscheinend keine großen Schwierigkeiten bereiten dürfte, ist in der Praxis ein Stolperstein. Insbesondere Führungskräfte der Meister- und Abteilungsleiterebene sind häufig unsicher in der Gesprächsführung und überfordert mit der möglichen Konfrontation. Deshalb werden solche Gespräche häufig vermieden.

Im folgenden werden wir die drei wichtigsten Engpaßbereiche betrachten und damit verbunden einen Leitfaden für den Gesprächsablauf darstellen. Die drei wichtigsten Engpässe finden sich an den folgenden Stellen:

- der Anwendungsbereich für Krankengespräche wird meist zu eng gefaßt,
- das Ziel eines solchen Gespräches ist oft unklar, und
- schließlich gehen den Gesprächsführern schnell die Argumente aus, wenn der „gelbe Schein" auf den Tisch kommt.

Diese drei Engpässe führen dazu, daß Krankengespräche in der Praxis häufig vermieden werden und die besten Strategien ins Leere laufen.

- **Engpaß Krankengespräch**
- **Anwendungsbereich des Krankengesprächs erweitern**
- **Gespräch als wichtigstes Führungsinstrument**
- **Ziel des Krankengesprächs klären**
- **Argumente**

Anwendungsbereich des Krankengesprächs erweitern

Wenn man Führungskräfte befragt, wann sie Krankengespräche führen, dann erhält man oft die Antwort, „wenn der Mitarbeiter wieder da ist"! Deshalb heißen diese Gespräche häufig auch Rückkehrgespräche. Diese Sichtweise ist zu eng. Der Nachteil eines Gesprächs nach Rückkehr des Mitarbeiters ist, daß die Fehlzeit dann schon vollendet und eine Einflußnahme nicht mehr möglich ist. Außerdem kann es sein, daß der Mitarbeiter von Woche zu Woche Verlängerungen schickt und sein Vorgesetzter mit der montäglichen Unsicherheit – kommt er oder kommt er nicht? – zu leben beginnt und nach der Rückkehr des Mitarbeiters dann auch kein Gespräch mehr führt.

Gespräch als wichtigstes Führungsinstrument

Wann kann man Krankengespräche führen?
- Maßnahmen sofort noch vor Eingang der Krankschreibung
  - Anruf beim Mitarbeiter und *Gespräch*
  - Besuch beim Mitarbeiter und *Gespräch*
- Maßnahmen sofort nach Eingang der Krankschreibung
  - Schriftliche Einladung zum *Gespräch* noch während der Krankschreibung
- Maßnahmen sofort nach Arbeitsaufnahme
  - Rückkehr*gespräch*
- Vorbeugende Maßnahmen
  - Regelmäßige Kontroll*gespräche*
  - Übergang zu Integrations*gesprächen* zur Sicherung positiver Verhaltensweisen (Anerkennung für Mitarbeiter mit hoher Anwesenheit)

Man sieht es hier, das *Gespräch* ist das wichtigste Führungsinstrument, das

Manuel Jork (o.), Manager Human Resources bei der DHL Aviation GmbH, Frankfurt/M., und Jörg A. Petersdorf, selbständiger Führungskräfte-Trainer in Berlin, sind die Autoren dieses Beitrags.

wir haben, und es ist vor allem der entscheidende Träger jeder Strategie. Es gibt viel mehr Möglichkeiten der Gesprächsführung als wir oftmals annehmen. Wenn wir diese Möglichkeiten konsequent nutzen, können wir den betroffenen Mitarbeitern – aber auch den *noch nicht* betroffenen – ein deutliches Signal unserer Ernsthaftigkeit und unserer Nachdrücklichkeit vermitteln.

Tip aus der Praxis:
Das Krankengespräch muß immer der unmittelbare Vorgesetzte führen. Selbst wenn das Gespräch auf einer höheren Ebene fortgesetzt werden muß, sollte der unmittelbare Vorgesetzte zumindest dabei sein. Sonst droht Autoritätsverlust und die höhere Stelle – meistens die Personalabteilung – wird den Ball nicht mehr los.

Ziel des Krankengesprächs klären

Wenn der Vorgesetzte ein Kritikgespräch führt, dann ist sein Ziel, daß der Mitarbeiter seine Leistungs- oder Verhaltensmängel einsieht und eine Zusage gibt, sich künftig leistungsgerechter zu verhalten. Wenn er einen Mitarbeiter zu Überstunden motivieren will, dann ist es sein Ziel, daß der Mitarbeiter schließlich „Ja" sagt und die Überstunden leistet. Was ist aber sein Ziel bei einem Krankengespräch?

Uns ist es ein einziges Mal passiert, daß ein Mitarbeiter zugegeben hat, daß er krankgefeiert hat. Wir waren perplex und sprachlos. Man kann eine solche Aussage aber nicht erwarten. Ebenso kann der Mitarbeiter nicht schlüssig erklären, daß er künftig nicht mehr krank sein werde. Was also ist das Ziel? Die meisten begnügen sich damit, daß der Mitarbeiter zumindest wissen soll, daß man dieses Thema sieht und anspricht. Der Nachteil davon ist, daß das Gespräch dann stets ohne Konsequenzen bleibt und der Mitarbeiter dies schnell mitkriegt und dementsprechend den Druck zur Verhaltensänderung gar nicht wahrnimmt.

In der Praxis hat sich dafür folgende Gesprächsstrategie bewährt:
1. Kontakt schaffen
2. Überblick über den individuellen Krankenstand geben
3. Über die Gesundheitssituation sprechen und aktiv zuhören (= auf verdeckte Botschaften achten)
4. Gepräch argumentativ verstärken, Konfliktpotential deutlich darstel-

603

149

len, eigene Position deutlich darstellen
5. Überleiten auf gemeinsame, betriebliche Ziele
6. Die kongruente Zustimmung des Mitarbeiters einholen
7. Zeitnahe Rückmeldungen geben („in Kontakt bleiben")

Das Gespräch wird also zunächst über den Krankenstand eingeleitet, dann jedoch umgelenkt auf die gemeinsamen Ziele und Aufgaben in der Abteilung. Wann der Vorgesetzte das Gespräch umlenken soll, ist seiner Gesprächsführung überlassen. Wenn er es umgelenkt hat, hat er auch ein Ziel, zu dem der Mitarbeiter „Ja" sagen kann bzw. „Ja" sagen muß. Das Thema Krankenstand bleibt dann unausgesprochen bestehen, wirkt aber in der Beziehung zum Mitarbeiter weiter.

Argumente

Am besten wird die Gesprächsführung deutlich an einem Beispiel aus der Praxis:

Kontakt schaffen

Kontakt schaffen bedeutet, daß der Vorgesetzte den Mitarbeiter kennt und eine Basis hat, auf der er mit ihm Klartext reden kann. Im Gespräch selbst geht es darum, ihn mit den Tatsachen und der Einschätzung des Vorgesetzten zu konfrontieren und gleichzeitig Türen offen zu halten.

Überblick über den individuellen Krankenstand beschaffen
Vorgesetzter:
„Ich möchte Ihnen ohne Umschweife sagen, worum es heute geht. Ich möchte mit Ihnen über Ihren Krankenstand sprechen."
Mitarbeiter:
„Aber der ist doch auch nicht höher als der von anderen."
Vorgesetzter:
„Wir führen diese Gespräche auch mit anderen Mitarbeitern, aber jetzt geht es ganz konkret um Sie. Ich habe die Fehlzeiten hier mal dargestellt. Wenn Sie sich das mal ansehen. Ihre Fehlzeiten betrugen 1994 X %, 1995 Y % und in diesem Jahr bereits Z %. Ich habe das mal verglichen mit unserem durchschnittlichen Krankenstand im Betrieb, und der beträgt pro Jahr etwa gleichbleibend zwischen A und B % und liegt damit weit unter Ihrer Krankenquote."

Mitarbeiter:
„Ja, und nun? Wenn ich krank bin, bin ich eben krank. Ich suche mir das ja nicht aus!"

Gespräch argumentativ verstärken, Konfliktpotential darstellen, eigene Position deutlich machen
Vorgesetzter:
„Das ist auch nicht die Frage. Die entscheidende Frage ist, daß ich meine Aufgaben nicht erfüllen kann, wenn mir Mitarbeiter fehlen. Im Klartext, wenn Sie fehlen, habe ich ein Problem. Und das möchte ich mit Ihnen einmal deutlich besprechen und auch eine Lösung finden."
Mitarbeiter:
„Aber ich hier ist der gelbe Schein, fragen Sie doch meinen Arzt, wenn Sie mir nicht glauben."
Vorgesetzter:
„Ich möchte mich mit Ihnen ja gerade nicht über Ihre gelben Scheine unterhalten, sondern darüber, wie wir unsere Zusammenarbeit wieder vernünftig gestalten können. Sehen Sie, mein Ziel ist folgendes: Wir haben im Moment keine besonderes ungewöhnliche Situation, wir könnten unsere Aufträge pünktlich erledigen. Wir brauchen dazu aber jeden Mann, sonst geht das auch nicht. Wenn wir noch besonderen Druck hätten, dann könnte ich mit Ihnen gar nicht so entspannt reden. Und diese Chance möchte ich nutzen. So, und dazu brauche ich Sie!"
Mitarbeiter:
„Sie sehen ja an meinen Unterlagen, daß ich wirklich krank bin, ich kann also gar nichts dafür. Ich würde auch lieber gesund sein und Ihnen bei Ihrem Job helfen, glauben Sie mir! Also können wir das Gespräch jetzt wieder beenden?"
Vorgesetzter:
„Nein, ich möchte das Gespräch mit Ihnen jetzt fortsetzen, weil es mir wichtig ist, daß zwischen uns Klarheit besteht. Dazu gehört auch, daß ich Ihnen deutlich sagen möchte, daß Ihre zuverlässige Anwesenheit für mich wichtig ist. Und dazu gehört auch, daß ich mich über Ihre Krankheitszeiten informiere. Deshalb möchte ich ja jetzt mit Ihnen sprechen."
Mitarbeiter:
„Aber ..."

Über die Gesundheitssituation sprechen und aktiv zuhören
Vorgesetzter:

„Bevor wir hier weiterreden, lassen Sie uns doch mal die Krankheitszeiten durchgehen. Und Sie kommentieren das, damit ich mir ein richtiges Bild machen kann. Was war zum Beispiel hier in 1994?"
Mitarbeiter:
„Das muß ich Ihnen doch nicht sagen, oder?"
Vorgesetzter:
„Nein, das müssen Sie nicht. Trotzdem möchte ich mich mit Ihnen darüber unterhalten und Ihnen die Gelegenheit geben, daß Sie das selbst darstellen können."
Mitarbeiter:
„Nein, das möchte ich nicht. Darüber spreche ich mit Ihnen nicht. Ihnen liegen die ärztlichen Bescheinigungen vor. Das muß reichen."

Gespräch argumentativ verstärken ...
Vorgesetzter:
„Das reicht eben nicht ganz. Wenn ich mit Ihnen darüber nicht reden kann, dann wird es schwieriger, daß jetzt zu klären."
Mitarbeiter:
„Aber da gibt es doch nichts zu klären!"
Vorgesetzter:
„Also, ich möchte das Ganze jetzt noch einmal von einer anderen Seite angehen. Klartext: Wenn Sie anwesend sind und mitmachen, hat das für mich eine wichtige Folge, eine positive Folge, nämlich, daß wir alle unsere Aufgaben gut erledigen können. Und ich muß Ihnen sagen, ich wäre dann wirklich erleichtert. Wenn Sie fehlen, hat das auch Auswirkungen und zwar ausgesprochen schlechte Auswirkungen. Und diese Auswirkungen sind es für mich persönlich. Und ganz gleich, ob Sie wirklich krank sind oder nicht, durch Ihre Abwesenheit entsteht ein Problem. Und dieses Problem haben wir jetzt. Und dieses Problem müssen wir beide lösen. Sonst können wir nicht mehr sinnvoll zusammenarbeiten. Und deshalb sitzen wir jetzt hier zusammen."
Mitarbeiter:
„Wollen Sie etwa sagen, daß ich krank feiere?"
Vorgesetzter:
„Das würde ich nie so sagen, aber wenn Sie mich so direkt fragen, dann wäre eine ehrliche Antwort, daß ich das einfach nicht weiß!"
Mitarbeiter:
„Das ist ja unerhört!"

Zweiter Versuch, über die Gesundheitssituation zu sprechen

Vorgesetzter:

„Sehen Sie! Genau das ist jetzt unser Problem! Wir wissen beide nicht, woran wir sind. Und das ist jedenfalls für mich kein Zustand. Mein Ziel ist, mit Ihnen zusammenzuarbeiten. Und da müssen wir uns jetzt wohl zusammenraufen, ist mein Eindruck. Also los, erzählen Sie jetzt mal, was Sache ist, ich reiße Ihnen ja nicht den Kopf ab, ich will nur, daß wir beide klar miteinander umgehen."

Normalerweise redet der Mitarbeiter spätestens an dieser Stelle über seine Krankzeiten. Sie können daran anknüpfen, das Gespräch über die Krankheiten und deren Ursachen zu vertiefen und dann auf die gemeinsamen Ziele überleiten.

Tips aus der Praxis:

1. Wann immer der Vorgesetzte nicht weiterkommt mit dem Gespräch über die konkreten Krankheiten, z. B. wenn er den Eindruck gewinnt, daß der Mitarbeiter wirklich krank ist, kann er stets auf die gemeinsamen Ziele überleiten und auf diese Weise dem Gespräch die notwendige Struktur geben, damit der Mitarbeiter ihn als sicheren und ernsthaften Gesprächspartner wahrnimmt.

2. Es ist wichtig, sachlich zu bleiben. Der Vorgesetzte kann sehr wohl über Zweifel und Vertrauensverluste sprechen. Auch über seinen Eindruck, daß der Mitarbeiter möglicherweise leichtfertig mit den Krankschriften umgeht – wenn er immer wieder auf die gemeinsamen Ziele hinführt.

3. In der Argumentation sollten Vorwürfe vermieden werden. Der Vorgesetzte versucht die Folgen des Mitarbeiterverhaltens deutlich und unmißverständlich darzustellen.

Sollte der Mitarbeiter weiterhin das Gespräch mit dem Vorgesetzten verweigern, so ist es Zeit, das Gespräch zu reflektieren (Meta-Ebene) und schließlich abzubrechen.

Vorgesetzter:

„Wir reden jetzt seit zehn Minuten miteinander. Und offen gesagt, so toll finde ich unser Gespräch nicht. Ich habe den Eindruck, daß Sie mich nicht ernst nehmen. Ich habe Ihnen aber unser Problem deutlich gemacht, oder?! Und Sie kennen mein Ziel! Und das möchte ich erreichen. Deshalb werden wir unser Gespräch fortsetzen. Ich breche jetzt das Gespräch ab, und Sie gehen noch einmal in sich, und wir setzen das Gespräch fort am … um …"

Mitarbeiter:

„Dann bringe ich aber den Betriebsrat mit!"

Vorgesetzter:

„Nein! Den Betriebsrat werde *ich* jetzt informieren und ihn zu dem Gespräch selber einladen. Ohne Betriebsrat möchte ich das Gespräch mit Ihnen nicht mehr fortsetzen!"

Die Folge dieser „Notfallstrategie" ist es, daß der Vorgesetzte Zeit gewinnt und aus einer Gesprächssackgasse ohne Gesichtsverlust herauskommt und gleichzeitig dem Mitarbeiter ein deutliches Signal mit auf den Weg gibt. Er kann das Gespräch am neuen Termin an dieser Stelle wieder aufgreifen und dem Mitarbeiter über die klare Gesprächsstruktur und sein klares Ziel die notwendige Führung geben.

Wichtig ist es allerdings, daß Sie nun „am Ball" bleiben und das Gespräch mit dem notwendigen Nachdruck fortsetzen. Notfalls wiederholen Sie das Gespräch, bis der Mitarbeiter sein Verhalten ändert oder im Ausnahmefall eine Kündigung oder eine Aufhebungsregelung ins Blickfeld kommt. Wiederholen heißt in diesem Falle nicht, daß der Vorgesetzte sein Gesicht verliert, sondern daß er sein Ziel der Zusammenarbeit weiter verfolgt. Und das ist letztlich, was man von ihm erwartet.

Zur Erinnerung:

Diese Führungsarbeit sollte von allen unmittelbaren Vorgesetzten eingefordert werden. Allerdings gehört diese Art der Gesprächsführung bereits in den Bereich gehobener Argumentation. Die Vorgesetzten sollten Möglichkeit haben, dies hinreichend zu üben. Anschließend wird ihnen dann das Feld überlassen.

Zur Beruhigung:

In dem dargestellten Gespräch sind die häufigsten Stolpersteine eingebaut. In der Praxis wird man eine solche geballte Ladung von Widerständen eher selten erleben. Aber wenn die Führungskräfte die schwierigsten Einwände sicher behandeln können, dann sind „normale" Gespräche für sie bald eine selbstverständliche Routine. ©

151

16 Der Situations-Navigator 1 – Leseprobe

Die Suchmaschine

Die meisten Menschen lieben Suchmaschinen. Eine Fülle von Informationen wird dadurch für sie zugänglich. Sie finden schnell, was sie benötigen und können sich immer orientieren. Das tägliche Miteinander der Menschen führt oft zu Problemsituationen. Hierfür brauchen sie Lösungen. In der Komplexität der Situationen verlieren Menschen jedoch oftmals die Übersicht, finden nicht schnell genug die passende Lösungsstrategie und geraten in Sackgassen. Um dies zu vermeiden gibt es diese Suchmaschine, diesen Situations-Navigator.

Situationen, in unserem Verständnis, sind immer Interaktionen zwischen Menschen. Ein Beispiel: Sie bleiben mit Ihrem Auto im Schneesturm stecken. Isoliert betrachtet ist dies keine Situation, mit der wir uns hier beschäftigen. Wenn Ihr Beifahrer jedoch stöhnend sagt, »Das habe ich kommen sehen, aber du hast ja nicht auf mich gehört«, dann springt unsere Suchmaschine an. Um den Einstieg in die Anwendung des Situations-Navigators so einfach und konkret wie möglich zu gestalten, betrachten wir zunächst nur Situationen zwischen *zwei* Menschen. Situationen, an denen mehrere Personen beteiligt sind, folgen im weiteren Verlauf dieser Buchreihe. Dies könnten Situationen sein, wie beispielsweise ein Streit zwischen Mitgliedern eines Vereins während einer Mitgliederversammlung, das Führen von Teams durch Krisen, Spannungen in einer Dreiecksbeziehung oder die misslungene Geburtstagfeier einer siebenköpfigen Familie. Um den Einstieg weiterhin zu vereinfachen, betrachten wir vorrangig Situationen zwischen zwei Menschen in der Arbeitswelt. Die bunte Welt der privaten Interaktionen folgt später – Situationen, wie beispielsweise Bewerbungen für einen Mietvertrag, Ärger mit einem lauten Nachbarn, Mobilfunkanbieter, die einen in einer Warteschleife schmoren lassen, mit den sich endlos wiederholenden Worten »Uns ist ihr Anruf wichtig«, oder hustende, schniefende und laut telefonierende Menschen, mit denen Sie in Bussen, Bahnen oder Flugzeugen stundenlang eingezwängt sind.

Zunächst konzentrieren wir uns auf Situationen zwischen zwei Personen in der Arbeitswelt. Auch in der Arbeitswelt gibt es eine komplexe Vielfalt von Situationen. Wir fokussieren uns im Folgenden auf Führungssituationen.

Der Situations-Navigator im Überblick.

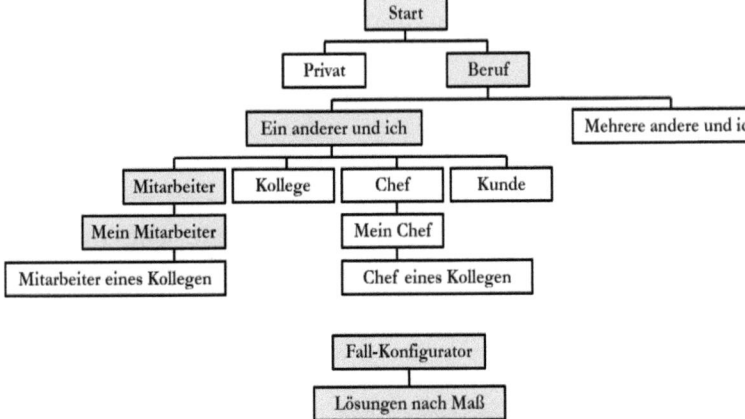

Wir folgen diesem Pfad: Start – Beruf – Ein anderer und ich – Mitarbeiter – Mein Mitarbeiter – Fall-Konfigurator – Lösungen nach Maß.

Sie könnten jetzt denken, dass jede Situation einzigartig und eine Fall-Konfiguration gar nicht möglich ist. Obwohl es eine unübersehbare Anzahl an verschiedenen Situa-tionen zu geben scheint, können Sie bei näherem Hinsehen Wiederholungen und Muster erkennen. Diesen Mustern folgen wir. Der Nutzen für Sie ist, dass Sie durch diese gedankliche Struktur die Anzahl der Fälle sortieren und in der Vielfalt sicherer navigieren können. Wenn Sie erst einmal auf der richtigen Spur sind, können Sie sich mit den individuellen Details der jeweiligen Fall-situationen genauer beschäftigen.

Jeder kann führen

Der Situations-Navigator soll sowohl offiziellen Führungskräften dienen, als auch den vielen unerkannten. Jeder Mensch in einem Unternehmen wird früher oder später mit einem anderen Kollegen zusammenarbeiten, Ideen austauschen, Probleme lösen, Entscheidungen treffen und gemeinsam etwas schaffen. Jeder der Beteiligten gestaltet damit einen speziellen Leistungsprozess und versucht, ihn zu einem positiven Abschluss, zu einer guten Lösung, einer Entscheidung und einer schnellen Umsetzung zu führen. Auch dies ist Führungsarbeit. Diese unerkannte, inoffizielle Führungsarbeit wird in Zukunft immer wichtiger werden. Wir nehmen gerade Abschied von alten Führungs-traditionen, Rollen und Hierarchien. Diese wird es in Zukunft so nicht mehr geben. Die Alten zucken jetzt und sagen: »Das glaube ich nicht« und halten an alten Denk- und Verhaltensmustern fest. Ein Blick ins Handelsblatt vom 8. Juli 2019 macht dies – unbeeindruckt von aktuellen Trends – sichtbar. Man liest folgende Sätze und Überschriften: »Die meisten Führungskräfte wünschen sich eine starke Führungsfigur«, »Die Sehnsucht nach dem Alphatier«, »Führung wichtiger denn je«, »Die Menschen sehnen sich nach Leadership«. Aber das ist nur noch ein Echo. Die neuen Generationen haben sich längst auf den Weg gemacht, die Zusammenarbeit von Menschen in

Organisationen neu zu denken. Und sie werden dies auch bald in die Tat umsetzen.

Die wichtigsten Leitgedanken dabei sind: Selbstreferenzielle Situationsanalysen unabhängig von benchmarkenden Unternehmensberatern, Co-Kreation und Selbst-Wirksamkeit von Teams vor allem an Schnittstellen. Derzeit gibt es dazu viele unterschiedliche Auffassungen und Perspektiven. Es wird diskutiert, ob Führungskräfte künftig überhaupt noch erforderlich sind. Die einen wollen auf sie verzichten, wahrscheinlich aufgrund jahrelanger schlechter Erfahrungen. Die anderen haben Angst, überflüssig zu werden. Selbstorganisation wird als Ziel ausgerufen. Die erstaunliche Realität ist, dass sich Menschen immer in einem Zustand der Selbstorganisation befunden haben und weiterhin befinden werden. Die Natur hat keine Führer und Geführten hervorgebracht. Von Natur aus sind wir alle gleichrangig und zunächst einmal führerlos. Das Leben ist somit ein überdimensionales Selbstorganisations-experiment und wir befinden uns mittendrin. Selbstorganisation ist das Grundprinzip jeder menschlichen Interaktion. Gleichzeitig hat sich ein hierarchisches Ordnungsprinzip als bevorzugtes Modell durchgesetzt: Familienoberhäupter – Clan-Chefs – Häuptlinge – Kapitäne – Parteivorsitzende – Präsidenten – und eben Führungskräfte.

Dies ist nicht überraschend. Selbstorganisation ist die zwangsläufige Folge eines Ordnungsvakuums. Gedankliche und emotionale Vakuumzustände werden von Menschen meist als verwirrend und verunsichernd erlebt. Sie suchen dann nach Orientierung und Sicherheit. Im Sinne kooperativer Selbstorganisation müssten sie sich nun gemeinsam und wechselseitig Orientierung und Sicherheit geben. Wenn sich aber orientierungslose und verunsicherte Menschen zusammenschließen, entsteht erst einmal ein orientierungsloses und verunsichertes Kollektiv. Damit ist noch nichts erreicht. Jetzt schlägt die Stunde der sogenannten Alphatiere. Dominante Persönlichkeiten erleben Vakuum nicht als verunsichernd, sondern als freies Territorium. Ohne lange nachzudenken, übernehmen sie es einfach. Alle anderen schauen zu, sind vielleicht für einen Moment empört, wägen dann ihre Chancen für Rebellion ab, machen einen Schritt zurück, weichen aus und fühlen sich am Ende sogar erleichtert, dass jetzt eine »starke Persönlichkeit« für sie sorgt. Psychoanalytiker sprechen von einem Abhängigkeitsbedürfnis. In diesem Moment entstehen Hierarchien. Bei realistischer Betrachtung wird das hierarchische Prinzip als Ordnungsmodell noch lange Bestand haben.

Was aber keinen Bestand mehr haben wird, sind Dominanzhierarchien, die von selbstbezogenen Einzelpersonen geprägt sind. Autokraten sterben aus. Klicken Sie Youtube »Winterkorn Hyundai« und Sie wissen warum. Was dieses gefühlte Vakuum künftig füllen wird sind Kooperationshierarchien intelligenter Experten. Jedes organisierte Verhalten von Menschen erfordert Ideen, Problemlösungen, Entscheidungen und die möglichst schnelle Umsetzung in reales Handeln und sinnvolle Ergebnisse. Niemand kann das allein. Dies wird nur möglich durch das Zusammenwirken von Menschen mit ganz unterschiedlichen Kompetenzen. Kluge Köpfe lassen sich nicht aufhalten. Im Zweifel gründen sie ihre eigenen innovationsbasierten Organisationen. Gleichzeitig überlassen sie aber nichts dem Zufall – oder dem noch so gut gemeinten Engagement nicht ganz so kluger Köpfe. Sie werden intelligente Kooperation als Denk- und Umsetzungsfundament etablieren, aber nur solche Persönlichkeiten im innersten Zirkel daran beteiligen, die sich auf gleicher Höhe befinden. Dadurch bleiben Hierarchien erhalten. Nachrangige Ebenen entstehen. Schließlich befinden sich auch diejenigen Menschen, die in solch kooperativen Unternehmensformen mitarbeiten, immer in Vertragsverhältnissen und werden definierte Leistungen erbringen müssen. Idealerweise werden sie an Umsetzungs- und Feedbackprozessen co-kreativ beteiligt. Dadurch entstehen neue Ordnungsdynamiken, in denen sich neuzugestaltende Rollen miteinander vernetzen. Dominantes Führungsgehabe wird durch intelligente Kooperation ersetzt, die vertikales Denken in hierarchischen Silos überwindet und sich in die Horizontale über

Abteilungsgrenzen hinweg entfaltet. Dies ist ein ständiger Balanceakt und führt zu besonderen Herausforderungen für künftige »Mitarbeiter«. Sie müssen in der Lage sein, auf Augenhöhe selbstorganisiert zu kooperieren, müssen sich durch Kompetenz legitimieren, ihr relevantes Beziehungsnetzwerk belastbar pflegen und ständig verhandlungsfähig sein.

Bildung wird zu einem entscheidenden Faktor für das Gelingen künftiger organisationaler Interaktionsprozesse. Zu diesem speziellen Bildungs-portfolio gehören neben Expertenwissen vor allem Führungs- und Verhandlungskompetenzen. Künftige »Mitarbeiter« müssen also selbst zu Führungskräften werden. Allerdings in einer neuen Rolle. Ebenso werden bisherige Führungskräfte andere Rollen annehmen. Ihre Aufgabe wird dann überwiegend darin bestehen, Teams nach außen und innen zu schützen und bei Bedarf die Schnittstellen zu managen. Selbstorganisierte Teams arbeiten oft in Grenzbereichen. Hier lauern unbekannte Gefahren. Dies erfordert klare Sicht und einen schützenden Rahmen. Es wird dann keine klassischen Führungskräfte und Mitarbeiter mehr geben, sondern nur noch Experten, die sich wechselseitig gemeinsam führen. Sie werden sich Kollegen für jeweils relevante Führungsaufgaben auswählen, so wie die Berliner Philharmoniker ihre Dirigenten selbst wählen. Und sie werden für jedes Stück einen anderen Dirigenten wählen. So arbeiten selbstorganisierte Teams heute schon und nennen das »Führen nach Kompetenzen«.

Was neben einem neuen Rollenverständnis hierzu notwendig ist, ist vor allem die völlige Transparenz und jederzeitige Verfügbarkeit von Führungswerkzeugen für alle am Leistungsprozess Beteiligten. Diese Transparenz soll der Situations-Navigator herstellen. Jeder wird gebraucht. Jeder muss führen können. Jeder darf führen. Jeder kann führen.

Die Top-Ten-Führungssituationen

»If you make it here, you make it anywhere« — Nachfolgend finden Sie zehn typische Situationen und eine Denksportaufgabe. Ordnen Sie diese Fälle in der Reihenfolge ihrer Schwierigkeitsgrade:

- Leicht
- Mittel
- Schwierig
- Grenzwertig

Noch ein Tipp zur Aufgabe. Es geht nicht darum wie schwierig *Sie* diese Fälle *für sich selbst* erleben und einordnen. Es könnte ja sein, dass ein an sich schwieriger Fall aufgrund Ihrer Erfahrungen für Sie recht einfach zu lösen ist. Umgekehrt könnte auch ein relativ einfacher Fall für Sie zu einer Hürde werden, weil Sie sich mit einem solchen Fall noch nie beschäftigt haben. Wenn jeder seinen eigenen persönlichen Schwierigkeitsmaßstab an Situationen anlegt, hätten wir am Ende so viele Beurteilungsmaßstäbe wie es Führungskräfte gibt. Dann gäbe es keine verlässlichen, transparenten und schließlich gerechten und für alle gleichermaßen verbindlichen Rahmenbedingungen für die Beurteilung von Situationen. Und es gäbe auch keine klare Linie bei der Entwicklung und Umsetzung von Lösungen. Die Folge wäre ein unabgestimmtes willkürliches Verhalten aller Beteiligten. Sie benötigen also allgemeine Beurteilungskriterien für den Schwierigkeitsgrad einer Situation unabhängig von Ihrer gegenwärtigen persönlichen Lösungskompetenz. Versuchen Sie bitte, diese Kriterien zu definieren und ordnen Sie dann die Fallsituationen ein. Danach betrachten wir die notwendigen Werkzeuge und Kompetenzen, um diese Fälle sicher und erfolgreich lösen zu können.

Hier nun die zehn Fälle:

1. Tanja
… ist 35 Jahre alt und arbeitet im Order-Handling. Der Vertrieb hat den Verkauf von Komponenten-Produkten erhöht, die für lange Zeit keine hohe Priorität hatten. Der Vertrieb will diese Produkte als Türöffner nutzen. Die Lieferungen der einzelnen Komponenten werden

von der Logistik-Abteilung koordiniert, die auch Tanja informieren soll, damit sie die Produktion termingerecht auslösen kann. Der zuständige Teamleiter in der Logistik, Gonzalez, ist neu in dieser Rolle und noch unsicher. Es hat sich ein erheblicher Rückstau gebildet. Während der letzten drei Monate war er nicht in der Lage, seine Aufgaben zu erledigen. Komponenten wurden im Lager angeliefert, ohne dass davon jemand wusste. In der Folge wurden Termine in der Produktion nicht eingehalten. Kunden beschweren sich. Der Vertrieb klagt ebenfalls, aber nicht über die Logistik-Abteilung, sondern über Tanja. Sie hat bereits mit Gonzalez gesprochen, aber ohne Erfolg. Tanja möchte dieses Problem nicht zu Lasten der Kunden austragen und steuert Teile des Logistik-Prozesses weiterhin selbst. Sie überprüft den Stand der Anlieferungen und stellt dadurch die Montage der Komponenten sicher. Gleichzeitig kommt sie ihren eigenen Aufgaben nicht mehr nach. Sie gleicht das mit Überstunden aus. Sie sind Tanjas Vorgesetzter, nicht der von Gonzalez. Sie haben die Situation bemerkt und möchten Tanja ansprechen. Ziel ist, dass sie die Aufgaben von Gonzalez nicht mehr übernimmt.

Leicht – Mittel – Schwierig – Grenzwertig?

2. Ludwig
… ist 52 Jahre alt und verfügt über viel Wissen und Erfahrung. Er ist einerseits detailorientiert,

liefert sehr gute Arbeitsergebnisse und kaum jemand verfügt über mehr Kenntnisse als er. Andererseits ist es nicht leicht mit ihm zusammenzuarbeiten, weil er wenig zugänglich ist, anderen keine Hilfe anbietet und zum Ausdruck bringt, dass er manche Kollegen für wenig kompetent und engagiert hält. Ludwig soll nun sein Wissen an zwei neue Kollegen weitergeben, tut es aber nicht und findet viele Argumente dagegen. Ihm ist das auch bewusst. Er weiß, dass es für andere nicht einfach ist, mit ihm zu arbeiten. Trotzdem hält er alle, die nicht so gewissenhaft und detailorientiert sind wie er, für ungeeignet. Er fühlt sich nicht verpflichtet, sein Wissen und seine Erfahrungen mit diesen Personen zu teilen. Wenn jemand etwas wissen möchte, solle er doch fragen. Er sollte aber besser die richtigen Fragen stellen. Er sei ja schließlich nicht der Ausbilder dieser Leute. All das macht die Arbeit mit ihm nicht gerade einfach. Als sein Vorgesetzter ist Ihnen wichtig, dass Ludwig sein Wissen mit den beiden neuen Kollegen teilt. Sie suchen das Gespräch, befürchten aber, dass er Ihren Wunsch ablehnen wird.

Leicht – Mittel – Schwierig – Grenzwertig?

3. Susan

… ist eine erfolgreiche und innovative Mitarbeiterin, stets voller guter Ideen. Sie ist Ingenieurin und arbeitet an einem Spezialprojekt für einen wichtigen Kunden. Das Projekt läuft bereits zwei Jahre und Susan hat sichtbar die Lust daran verloren. Allerdings befindet sich das Projekt in der letzten Phase und muss in den nächsten drei Monaten ordnungsgemäß abgeschlossen werden. Solange wird Susans volles Engagement noch benötigt. Für die Zeit danach sind bereits neue Projekte in der Pipeline. Sie sind ihr Manager, haben herausgefunden, dass sie bereits ein neues Projekt gestartet hat und versucht, den »Turbostat ZX 3500« zu optimieren. Sie hat dazu aber von niemandem einen Auftrag erhalten. Ihr Ziel ist, dass sie das alte Projekt fachgerecht abschließt und sich danach dauerhaft in die Teamprozesse einbringt.

Leicht – Mittel – Schwierig – Grenzwertig?

4. Rudi

… verfügt über solides Fachwissen. Er baut Beziehungen auf und kooperiert mit anderen, um die Arbeit schnell zu erledigen. Er ist selbstsicher, aber nicht selbstbezogen. Er teilt sein Wissen gerne und reflektiert eigene und fremde Arbeit auf allseits geschätzte Weise. Er sucht immer Gelegenheiten, um zu lernen und sich zu verbessern. Auch unter Druck kann man sich auf ihn verlassen. Jetzt hat er plötzlich ein Problem. Seine neue Freundin startet ihr eigenes Geschäft. Sie baut und verkauft Surfbretter in einem Laden am Strand. Das Geschäft läuft von Freitag-mittag bis Sonntagabend. Sie erwartet, dass Rudi sie dabei unterstützt. An den letzten drei Montagen kam Rudi erheblich zu spät zur Arbeit. Sie sind sein Vorgesetzter und haben das bemerkt. Da Rudi ein guter und ansonsten verlässlicher Mitarbeiter ist, ist ihm das selbst peinlich. Allerdings erwartet er auch Ihr Verständnis und Ihre Unterstützung. Sie machen den ersten Schritt und sprechen das Thema an.

Leicht – Mittel – Schwierig – Grenzwertig?

5. Daniel

… ist 32 Jahre alt und als Arbeitsjurist in der Personalabteilung tätig. Er ist frisch verheiratet, seine Frau ist schwanger und beide haben gerade mit Krediten ein Fertighaus gebaut. Als Jurist ist er hervorragend ausgebildet, Fälle zu analysieren und detaillierten fachkundigen Rat zu erteilen. Sein Aufgabenbereich wurde kürzlich erweitert. Er ist nunmehr verantwortlich für die Zusammenarbeit mit Betriebsräten und Gewerkschaften. In diesem Zusammenhang soll er Betriebsvereinbarungen vorbereiten, eigenverantwortlich verhandeln und abschließen. Dazu muss er strategische Entscheidungen treffen und mit Verhandlungsstärke umsetzen. Daniel verhält sich erkennbar unsicher, spricht dies aber nicht an, sondern tut so als wäre alles in Ordnung, »er hätte nur sehr viel zu tun« und vergräbt sich in den Akten laufender Arbeitsgerichtsverfahren. Die dringenden Betriebsrats-themen kommen nicht voran. Der

Betriebsrat beklagt sich bereits. Sie denken, dass es an der Zeit ist, mit Daniel zu sprechen.

Leicht – Mittel – Schwierig – Grenzwertig?

6. Herrmann

… arbeitet seit vielen Jahren als leitender Ingenieur für Entwicklung und Produktion hochwertiger Messgeräte. Hierfür werden auch Bauteile von externen Lieferanten benötigt, die von der Einkaufsabteilung beschafft werden. Der zuständige Einkaufsleiter hat von Herrmann Spezifikationen erhalten, Angebote eingeholt und darauf bestanden, kostengünstigste Produkte einzukaufen. Herrmann hat das deutlich abgelehnt und die Beschaffung selbst übernommen. Er hat dem Einkaufsleiter gesagt: »Das ist mein Gebiet. Da entscheide ich selbst. Ich weiß am besten, welche Bauteile wir brauchen. Halten Sie sich da raus.« Er hat sich mit der Zeit ein breites Netzwerk aufgebaut, auch mit Lieferanten, und das hat er jetzt genutzt. Preisabsprachen sind dabei nicht immer transparent. Herrmann hat mit den Lieferanten verhandelt und sich für bestimmte Produkte entschieden. Auch die Preise hat er verhandelt. Die Lieferanten haben sich ordnungsgemäß, wie sie das gewohnt sind, an den Einkauf gewandt, um sich Bestellnummern zu besorgen. Der Einkaufsleiter hat sich darüber irritiert gezeigt und den Lieferanten erklärt, dass sie zunächst einmal mit ihm verhandeln müssten. Die

Lieferanten sind verwirrt. Alle beschweren sich. Herrmann trifft häufig selbständige Entscheidungen ohne seinen Chef zu informieren. Wenn er gefragt wird, lächelt er und sagt: »Ich weiß, ich bin ein harter Brocken. Ich lasse mir nicht von jedem reinreden. Deshalb bin ich auch so erfolgreich.« Sein Benehmen stößt bei anderen immer häufiger auf Kritik. Viele weichen ihm aus. Vor allem der Einkauf hat Schwierigkeiten, Kompromisse mit ihm zu finden. Trotzdem sind seine Resultate gut und die Qualität, die er liefert, zuverlässig hoch. Sie – als Chef von Herrmann – haben davon erfahren und müssen jetzt handeln. Um ein Gespräch kommen Sie nicht mehr herum.

Leicht – Mittel – Schwierig – Grenzwertig?

7. Janina

… ist eine sehr effektive Mitarbeiterin. Sie ist schnell auf den Punkt, verschwendet keine Zeit und ist immer ziel- und ergebnisorientiert. Aufgrund zusätzlicher Kundenanforderungen und dringender Termine ist Janina unter Druck geraten. Sie können die Stresssignale deutlich sehen. Sie wird immer schneller, kommuniziert mit anderen, die sie im Leistungsprozess unterstützen könnten, immer weniger oder auf eine Weise, dass ihr keiner mehr folgen kann. Sie baut Überstunden auf. Ihre Leistung verliert Qualität. Vor drei Wochen hat dies begonnen und ein Ende ist nicht in Sicht. Sie sind ihr

Manager. Ihr Ziel ist, dass Janina ein angemessenes Tempo findet und sich wieder mit allen Beteiligten sinnvoll abstimmt.

Leicht – Mittel – Schwierig – Grenzwertig?

8. Santosh

… leitet seit einem Jahr ein Team im Marketing und ist für globale Markenstrategie verantwortlich. Diese soll er für fünf Marken in sieben Ländern entwerfen. Er zögert jedoch, strategische Entscheidungen zu treffen. Dadurch ist ein Handlungsvakuum entstanden. Die jeweiligen Länderchefs haben begonnen, dieses Vakuum mit eigenen lokalen Strategien zu füllen. Dafür verwenden sie erhebliche Anteile des gemeinsamen Budgets. Santosh kommt regelmäßig zu Ihnen und fragt um Rat. In einem ungünstigen und ungeduldigen Moment haben Sie ihm gesagt, dass Sie ihm vertrauen, dass er unternehmerischer denken und mehr Entschlossenheit zeigen soll. Seitdem meldet er sich nicht mehr so häufig bei Ihnen. Mit der Markenstrategie kommt er aber auch nicht voran. Sie fürchten, dass Sie mit Santosh den Falschen eingestellt haben. Im schlimmsten Fall müssten Sie ihn ersetzen, was Zeit kostet und die Arbeiten weiter verzögern würde. Sie müssen jetzt mit ihm sprechen, gleichzeitig wollen Sie die Situation nicht verschlimmern.

Leicht – Mittel – Schwierig – Grenzwertig?

9. Karl-Heinz

... ist seit 24 Jahren in der Produktion tätig. Er hat gesundheitliche Probleme und Fehlzeiten von 30 Tagen pro Jahr. Er zeigt keinerlei Motivation, seine Kollegen zu unterstützen oder sich selbst weiterzuentwickeln. Insgesamt ist Karl-Heinz' Leistung mittelmäßig. Wenn es um Überstunden geht, findet er immer Ausreden. Wenn Sie ihn auf diese Punkte ansprechen wollen, weicht er aus. Man bekommt ihn nicht zu fassen. Er ist so, als ob er einem immer wieder durch die Finger rutscht. Jetzt brauchen Sie ihn aber für dringende Sonderarbeiten an zwei Samstagen. Sie befürchten, dass er die Überstunden mit fadenscheinigen Begründungen ablehnen wird.

Leicht – Mittel – Schwierig – Grenzwertig?

10. Mandy

... ist 36 Jahre alt, begann als Entwicklungsingenieurin und arbeitete während der letzten drei Jahre als Kunden-beraterin. Vor sechs Monaten ist sie in Ihr Team gewechselt. Sie ist nicht im Team integriert und ihre Leistung entspricht nicht den Erwartungen. Während sie bisher nur ankommende Anrufe bearbeitet hat [Inbound], muss sie jetzt aktiv nach außen [Outbound] telefonieren. Sie soll inaktive Kunden und potentielle Neukunden über Produktentwicklungen informieren und Geschäfte anbahnen. Mandy fühlt sich nicht wohl mit ihrer neuen Aufgabe; denn sie möchte nicht als »Klinkenputzerin« wahrgenommen werden. Sie trauen ihr das ohne Einschränkungen zu und empfinden diese zusätzlichen Aufgaben als Bereicherung für ihr Jobprofil. Grundsätzlich ist sie weder leistungsschwach noch leistungsunwillig. Sie erledigt ihre Arbeiten aber immer noch wie früher und geht auch mit ihren alten Kolleginnen und Kollegen zum Mittagsessen. Ihre Leistungen sind entsprechend mittelmäßig und ihre neuen Kollegen ignorieren sie zunehmend. Es gab bereits einen Konflikt. Mandy hatten einen Kunden am Telefon, der sich offensichtlich im Ton vergriffen hatte. Mandy reagierte schroff und beendete das Gespräch ärgerlich. Ein Kollege sah das und wollte ihr dazu einen Rat geben. Sie wies ihn zurecht, dass ihn das nichts anginge und er solle sich um seine eigenen Dinge kümmern. Irgendjemand nannte sie eine Zicke. Aber dafür gibt es keine Zeugen. Sie haben das mitbekommen und müssen jetzt etwas tun.

Leicht – Mittel – Schwierig – Grenzwertig?

Bitte bewerten Sie jetzt den Schwierigkeitsgrad dieser Situationen und versuchen Sie, für Ihre Einordnung sachliche und unterscheidbare Kriterien zu benennen.

Dies war vermutlich gar nicht so einfach, oder? Sie erkennen daran, wie herausfordernd es ist, Menschen in Organisationen auf allgemeingültige Weise gerecht und fair zu begegnen. Führungskräfte ordnen diese zehn Situationen häufig wie folgt ein.

Leicht

1. Tanja

Begründung: Sie ist grundsätzlich fleißig, engagiert und hilfsbereit. Mit ihr ein Gespräch zu führen – auch ein ernstes – ist nicht schwierig. Sie wird vermutlich sofort Einsicht zeigen und einlenken, wenig Widerstand leisten und am Ende das tun, was man ihr sagt.

2. Susan

Begründung: Sie ist grundsätzlich immer motiviert und leistungsbereit, auch sie wird in dem anstehenden Gespräch einsichtig sein und wenig Widerstand leisten. Im Grunde ist ihr Verhalten auch verständlich. Es zeichnet sie ja geradezu aus. Wahrscheinlich kann man hier auch eine Kompromisslösung finden, die alle Interessen berücksichtigt.

Mittel

3. Janina

Begründung: Ein Gespräch mit ihr zu führen, wird nicht ganz so einfach werden. Sie ist gestresst und ungeduldig, will ihre Ziele erreichen und sich nicht aufhalten lassen. Das ist eigentlich auch erwünscht. Das Gespräch wird also ein Balanceakt. Verärgern will man sie ja schließlich auch nicht.

4. Mandy
Begründung: Sie ist vermutlich in der Rolle falsch eingesetzt. Ihr dies zu vermitteln ist eine Herausforderung, weil sie grundsätzlich eine sehr kompetente und freundliche Mitarbeiterin ist und man sie nicht verprellen möchte. Die Fehlbesetzung hat die Führungskraft schließlich selbst zu verantworten.

5. Daniel
Begründung: Er ist schlicht eine Fehlbesetzung, kann sich gegen die Betriebsräte nicht durchsetzen und hat nicht einmal einen Plan, wie er diese Herausforderung aus eigener Kraft bewältigen kann. Man wird sich wohl von ihm trennen müssen. Das wiederum kann nicht so schwer sein, weil er ja kein begnadeter Verhandler ist. Trotzdem ist die Situation unangenehm, weil sie wegen der Betriebsräte eine große Öffentlichkeitswirkung hat und die Personalabteilung in die Kritik geraten wird. Daniels Familiensituation liegt einem außerdem auch ganz schön im Magen. Vielleicht ist der Fall doch schwieriger als zunächst vermutet.

Schwierig

6. Santosh

Begründung: Auch er ist vermutlich eine Fehlbesetzung, aber er befindet sich an einer strategisch wichtigen Stelle. Ein kritisches Gespräch wird nicht viel bewirken. Warum sollte er nach einem gezielten Gespräch plötzlich bessere Entscheidungen treffen können? Ihn zu versetzen oder zu entlassen würde ein großes Vakuum erzeugen. Auch dieses Gespräch ist ein schwieriger Balanceakt mit dem Risiko weitreichender Auswirkungen im Unternehmen.

7. Rudi

Begründung: Rudi ist ein perfekter Mitarbeiter. Jetzt hat er ein privates Problem. Ein guter Chef müsste ihm jetzt beistehen. Aber individuelle Arbeitszeiten kann man auch nicht einfach so einführen. Andererseits ist Pünktlichkeit nur ein Ordnungsthema und hat mit der Leistung von Rudi nichts zu tun. Hier besteht ein Dilemma für alle Beteiligten. Vor allem möchte der Chef Rudi nicht verärgern und ihn dadurch womöglich verlieren.

Grenzwertig

8. Karl-Heinz

Begründung: Er hat offensichtlich innerlich gekündigt und eine raffinierte Abwehrstrategie entwickelt. Wird er angesprochen weicht er aus.

Es ist schwer, ihn zu klaren Aussagen und vor allem zu einer klar bekundeten Leistungsbereitschaft zu bewegen. Im Zweifel geht er zum Arzt und lässt sich krankschreiben. Entlassen wird man ihn bei dieser Betriebszugehörigkeit auch nicht können. Man müsste »an ihn rankommen«. Aber wie? Das scheint ein echter Grenzfall zu sein.

9. Herrmann

Begründung: Er ist selbstsicher, dominant und eigenmächtig. Vermutlich hält er seinen Chef für ein Weichei und nimmt ihn nicht ernst. Er arbeitet zudem an einer für das Unternehmen wichtigen Stelle. Er ist ein angesehener Experte, der hohe Qualität sicherstellt und damit für Kundenbeziehungen einen besonderen Stellenwert innehat. Das sollte auf keinen Fall gefährdet werden. Diese Situation ist die Höchststrafe für jeden Chef.

10. Ludwig

Begründung: Auch Ludwig will man nicht verärgern. Er ist kompetent, ein wichtiger Wissensträger und das Unternehmen braucht ihn. In einem Gespräch über die Einarbeitung der neuen Mitarbeiter wird er viele gute Argumente vorbringen, die vermutlich schwer zu widerlegen sein werden. So ein Gesprächsverlauf lässt sich leicht vorausahnen. Als Chef kann man da fast nur verlieren. So gut Ludwig auch ist, es ist eine Herausforderung, mit ihm zusammenzuarbeiten.

Achtung: Diese Einordnungen und Begründungen entsprechen den häufigsten spontan geäußerten Meinungen von Führungskräften. Sie werden später sehen, dass wir nur drei Fälle auf die gleiche Weise einordnen. Wenn auch mit anderen Begründungen.

Wie haben *Sie* diese Fälle eingeordnet und Ihre Einordnung begründet?

Positive Referenzkriterien

Solche Situationen lassen sich nur dann nach ihrem Schwierigkeitsgrad einordnen, wenn es dafür eine positive Referenz gibt. In der Sprache der Rennfahrer: Die Ideallinie. Diese Referenz liefert uns Rudi. Er verfügt über solides Fachwissen, baut Beziehungen auf und kooperiert mit anderen, um die Arbeit schnell zu erledigen. Er ist selbstsicher, aber nicht selbstbezogen. Er teilt sein Wissen gerne und reflektiert eigene und fremde Arbeit auf respektvolle Weise und er sucht immer Gelegenheiten, um zu lernen und sich zu verbessern. Auch unter Druck kann man sich auf ihn verlassen. Das klingt fast zu schön, um wahr zu sein. Filtern wir aus dem Fließtext die relevanten Kriterien heraus.

Rudi ist:

- fachkompetent
- belastbar
- selbstsicher, ohne selbstbezogen zu sein
- zugewandt, beziehungsorientiert und respektvoll, also empathisch
- selbstreflektierend
- transferfähig
- lern- und entwicklungsbereit
- zielorientiert
- kooperativ.

Nun können wir uns der Einordnung der weiteren Fallsituationen zuwenden. Sie werden sicherlich nicht überrascht sein, wenn unsere Einordnung von der der meisten Führungskräfte etwas abweicht.

[...]

17 Der Situations-Navigator 2 – Leseprobe

Wie Sie Teams in komplexen Szenarien zu selbstorganisiertem Denken und Handeln führen

Bevor Sie sich entscheiden, ein Team zu führen

Menschen werden nicht als Teamleiter geboren. Niemand beginnt seine Laufbahn als Führungskraft. Jeder fängt mit der ersten Sprosse der Karriere-Leiter an und entwickelt sich idealerweise zu einem Experten in seinem Tätigkeitsfeld. Erfüllt er seine Aufgaben auffällig gut, wird er als Talent entdeckt und erhält ein Angebot für die Aufgabe eines Teamleiters.

[…]

Es gibt jedoch Hürden und Herausforderungen. Es geht nicht nur darum, einzelne Personen zu führen, sondern Menschen dafür zu gewinnen, gemeinsam zu denken und zu handeln. Im Situations-Navigator 1 ging es um Einzelgespräche mit Mitarbeitern, um Auflösen von Widerständen, um konstruktiven Dialog und verlässliche Vereinbarungen zwischen Managern und deren Mitarbeitern. Hier geht es nun darum, wie aus einzelnen Mitarbeitern handlungsfähige Teams werden und wie sich diese Mitarbeiter untereinander verbinden, verpflichten, möglichst autonom und eigenverantwortlich Lösungen für Problemstellungen finden, Entscheidungen treffen und wirtschaftlich wertvolle Ergebnisse erreichen.

Es geht um die Gestaltung von wirksamer Kooperation zwischen Team-Mitgliedern. Hier befinden sich Führungskräfte auf einer höheren Stufe der Komplexität. Der Schritt vom Experten zum Teamleiter und die weiteren Schritte entlang der Karriere-Pipeline werden oft unterschätzt. Das Gefühl Experte zu sein, verleiht Sicherheit und Selbstvertrauen und ist die Grundlage für den Selbstwert einer Person.

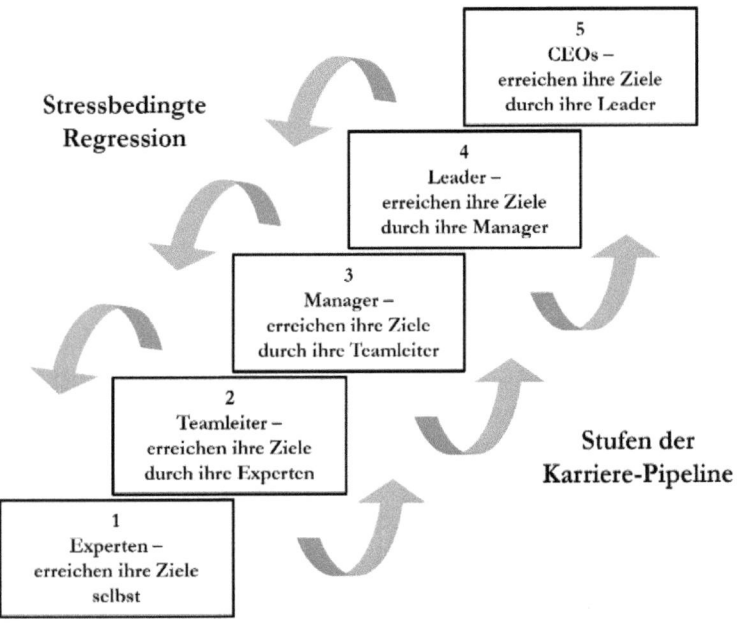

Mit jedem Karriereschritt müssen Sicherheit, Selbstvertrauen und Selbstwert neu erarbeitet und gegründet werden. Hier sind Führungskräfte verletzbar. Geraten sie nun unter Druck und Belastung, erreichen sie früher oder später ein kritisches Stress-Level und ihr Autopilot setzt ein. Dann suchen sie instinktiv den Ort, der ihnen die größte Sicherheit bietet: Zurück zur Expertenrolle und »selber machen«. Sie regredieren in einen früheren Zustand. Dies ist eine besondere Form des Ausweichens vor der eigenen Rolle und gleichzeitigen Übergriffs auf die legitimen Rollen anderer. Dadurch entsteht auf der einen Seite ein Vakuum im eigenen Aufgabenfeld und eine deutliche Störung in den Aufgabenfeldern anderer. Das gesamte System gerät auf diese Weise aus dem Gleichgewicht.

Wie Sie Ihre Rolle einnehmen, auch unter widrigen Umständen halten und jederzeit wirksam interpretieren können, erfahren Sie nun im Situations-Navigator 2.

Die Suchmaschine

Auch hier verwenden wir wieder die Suchmaschine:

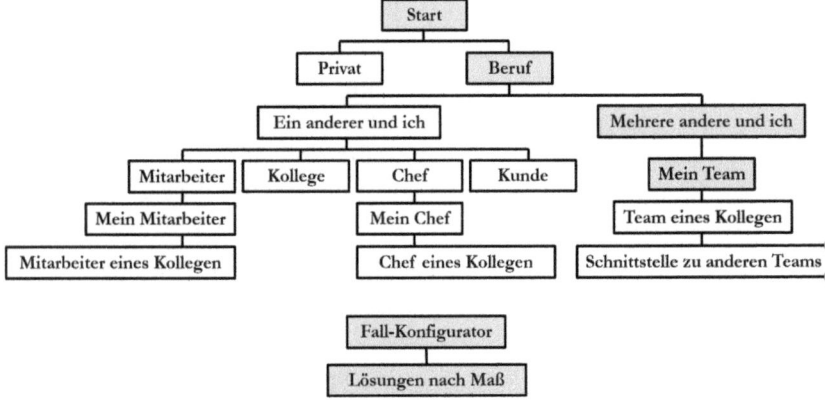

Wir folgen diesmal dem Pfad: Start – Beruf – Mehrere andere und ich – Mein Team – Fall-Konfigurator – Lösungen nach Maß.

Der Unterschied

Zwischen dem Führen einzelner Personen und dem Führen von Teams gibt es einen entscheidenden Unterschied. Während wir im Eins-zu-eins eine sehr direkte Gesprächsführung verfolgen, vom Ziel bis zum Ja-Wort, geht es beim Führen von Teams darum, die einzelnen Team-Mitglieder so miteinander zu verbinden, dass sie eigenständig kooperieren. Wie in der Karriere-Pipeline angedeutet erreichen Sie Ihre Ziele durch das erfolgreiche Zusammenwirken Ihrer Mitarbeiter. Sie geben also die direkte

Kontrolle über die Zielerreichung aus der Hand und delegieren sie an die Team-Mitglieder. Dies erfordert ein hohes Maß an Selbstvertrauen und interaktiver Gestaltungskraft. Es erfordert vor allem eine andere Art der Wahrnehmung. Es ist nicht mehr allein ausreichend, seinem Gesprächspartner gegenüber aufmerksam zu sein, seine inneren Prozesse wahrzunehmen und sie zu begleiten. Nun müssen viel komplexere und häufig schwer erkennbare Wechselwirkungen zwischen unterschiedlichen Persönlichkeiten vorausgeahnt, gesehen und eingeordnet werden. Und dann stellt sich die Frage auf welche Weise kollektive Dynamiken angesprochen und beeinflusst werden können. An dieser Stelle beginnt ein neues Kapitel der Führungsarbeit.

Auch diese nächste Stufe des Situations-Navigators wendet sich nicht nur an offizielle Führungskräfte, sondern möchte jedem Mitarbeiter und jedem Team-Mitglied die Komplexität des eigenen Arbeitsumfelds transparent machen, die eigene Wahrnehmung schärfen und die Selbstwirksamkeit erhöhen.

Teams entwickeln sich in Phasen. Wenn diese Phasen erkannt werden, können sich alle Beteiligten jederzeit verorten, ihren aktuellen Bedarf benennen und sich wechselseitig unterstützen; sie können die geeigneten Interaktionen definieren und die Übergänge zu den nächsten Phasen einleiten. Am Ende dieses

Entwicklungsprozesses steht Selbst-Organisation von Teams mit hoher Selbst-Wirksamkeit.

Das erweiterte Teamphasen-Modell

Bruce Tuckman [1938 – 2016] veröffentlichte 1965 ein Phasenmodell für Gruppen-entwicklungen, das vier Phasen unterschied: »Forming«, »Storming«, »Norming«, »Performing«. Dieses Modell haben wir erweitert. Die Phasen »Forming«, »Storming« und »Norming« betrachten wir als eine Einheit, die zusammengefasst die sogenannte Start-Phase [»Booting Phase«] bildet. Die »Performing«-Phase haben wir aufgegliedert und erweitert. Die zusätzlichen Gruppenzustände »Die Krisen«, »Nach der Krise«, »Stabile Routine« und »Langweilige Routine« vervollständigen das Modell.

Start
(Booting Phase)

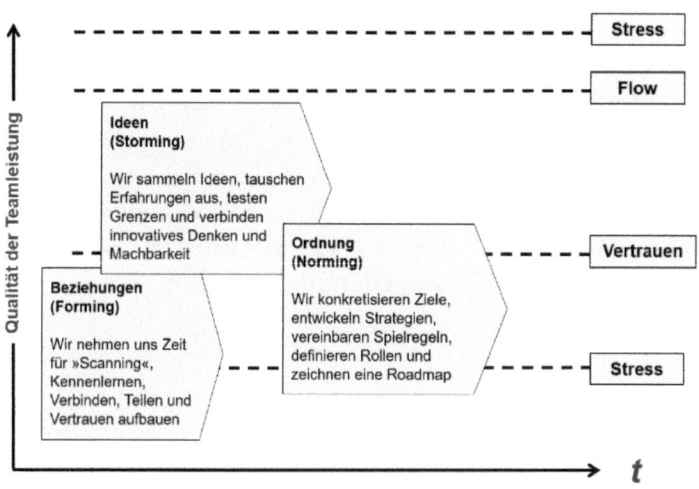

Qualität der Teamleistung

- - - Stress

- - - Flow

Ideen (Storming)

Wir sammeln Ideen, tauschen Erfahrungen aus, testen Grenzen und verbinden innovatives Denken und Machbarkeit

Ordnung (Norming)

Wir konkretisieren Ziele, entwickeln Strategien, vereinbaren Spielregeln, definieren Rollen und zeichnen eine Roadmap

Beziehungen (Forming)

Wir nehmen uns Zeit für »Scanning«, Kennenlernen, Verbinden, Teilen und Vertrauen aufbauen

- - - Vertrauen

- - - Stress

t

Kooperation
(Cooperation Phase)

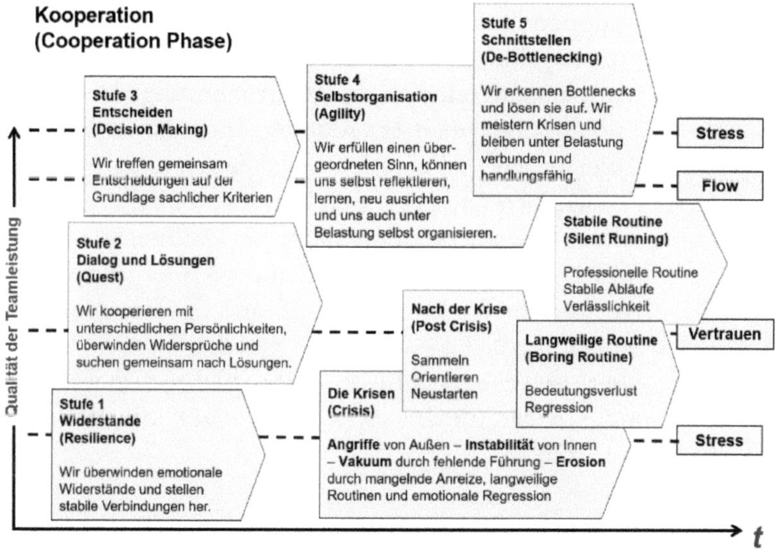

Qualität der Teamleistung

**Stufe 5
Schnittstellen (De-Bottlenecking)**

Wir erkennen Bottlenecks und lösen sie auf. Wir meistern Krisen und bleiben unter Belastung verbunden und handlungsfähig.

**Stufe 4
Selbstorganisation (Agility)**

Wir erfüllen einen übergeordneten Sinn, können uns selbst reflektieren, lernen, neu ausrichten und uns auch unter Belastung selbst organisieren.

**Stufe 3
Entscheiden (Decision Making)**

Wir treffen gemeinsam Entscheidungen auf der Grundlage sachlicher Kriterien

**Stufe 2
Dialog und Lösungen (Quest)**

Wir kooperieren mit unterschiedlichen Persönlichkeiten, überwinden Widersprüche und suchen gemeinsam nach Lösungen.

Nach der Krise (Post Crisis)

Sammeln
Orientieren
Neustarten

Stabile Routine (Silent Running)

Professionelle Routine
Stabile Abläufe
Verlässlichkeit

Langweilige Routine (Boring Routine)

Bedeutungsverlust
Regression

**Stufe 1
Widerstände (Resilience)**

Wir überwinden emotionale Widerstände und stellen stabile Verbindungen her.

Die Krisen (Crisis)

Angriffe von Außen – **Instabilität** von Innen – **Vakuum** durch fehlende Führung – **Erosion** durch mangelnde Anreize, langweilige Routinen und emotionale Regression

- - - Stress

- - - Flow

- - - Vertrauen

- - - Stress

t

Im Einzelnen sieht dies wie folgt aus:

1. Die Beziehungen [Forming]

Menschen scannen Menschen. Dieses innere Radar läuft insbesondere in der ersten Phase der Teambildung auf Hochtouren. Angenommen Sie bilden ein neues Team bestehend aus 10 Mitgliedern, die sich noch nicht kennengelernt haben. Es ist Tag 1. Alle kommen in einem Tagungsraum zum ersten Mal zusammen.

[...]

Die Top-Ten-Team-Szenarien

Nachfolgend finden Sie zehn typische Situationen, die die Komplexität von Gruppendynamiken veranschaulichen und Führungskräften ein hohes Maß an Präsenz, Aufmerksamkeit, klarer Wahrnehmung, gutem Timing und präziser, mutiger Interaktionskraft abverlangen. Prüfen Sie bitte, ob Sie Phasenzustände erkennen können, wobei Teams unter Belastung oder nicht so aufmerksamer Führung dazu neigen, in kleinere Untergruppen zu zerfallen. In einem Team laufen dann unterschiedliche Phasen parallel ab. Und überlegen Sie, was Sie in einer solchen Situation tun würden und welche Wirkungen Sie dabei erwarten.

Hier nun die zehn Fälle:

1. Selbstorganisation im Vakuum

Wir beginnen mit dem Universal-Fall. Wenn wir aus einer Meta-Position auf Menschen schauen, sehen wir fünf verschiedene Persönlichkeits-Typen, die sich darum bemühen, Ordnung und Kooperation im unvermeidlichen Vakuum selbst zu organisieren. Die erstaunliche Realität ist, dass sich Menschen immer in einem Zustand der Selbstorganisation befunden haben und weiterhin befinden werden.

[…]

Die Aufgabe von Führungskräften besteht darin, dieses Vakuum zu füllen; strukturiert, rollengerecht und mit dem Ziel, einen Raum zu schaffen und aufrechtzuerhalten, in welchem Menschen ihre innewohnenden Potentiale kooperativ zur Entfaltung bringen können. Dies ist ein hoher Anspruch. Viele Führungskräfte erfüllen diesen Anspruch nicht oder nur teilweise. Dann geschieht folgendes:

Wir befinden uns in der Marketing-Abteilung der BRIGHT LIGHT FUTURE Deutschland GmbH, ein Unternehmen, das Beleuchtungs-systeme für Wohnräume, Büros, Produktions-stätten, Baustellen, Schiffe, Parkhäuser, öffentliche Plätze und Sportstätten herstellt. Die

Zentrale befindet sich in den USA. Das Unternehmen produziert acht Produktgruppen mit insgesamt 5.000 unterschiedlichen Produkten. Im Marketing arbeiten 65 Mitarbeiter und Mitarbeiterinnen in fünf Teams mit insgesamt drei Team-Leitern und einem Marketing-Chef. Dieser ist gerade 62 Jahre alt geworden, befindet sich schon lange in der Kritik, weil es ihm an neuen Ideen und dem nötigen Schwung fehlt und er gleichzeitig den Ideenreichtum seiner Mitarbeiter deckelt. Er scheidet in drei Monaten aus. Die Team-Leiter sind: Mark Hauser, 45 Jahre, seit 16 Jahren im Unternehmen und als Persönlichkeit sehr strukturiert, detailorientiert und vorsichtig. Er leitet zwei Teams. Hans-Günter Kleindienst, 52 Jahre, 12 Jahre im Unternehmen, beziehungsorientiert, freundlich und eher beschwichtigend. Er leitet ebenfalls zwei Teams, ist damit jedoch überfordert. Sowie Kimberley Tucker, 28 Jahre, deutsch-amerikanerin, seit 3 Jahren im Unternehmen, leistungs- und innovationsorientiert, ideenreich, schnell und ungeduldig. Sie leitet das fünfte Team, möchte aber künftig mehr Einfluss nehmen.

Die durchschnittliche Betriebszugehörigkeit der Mitarbeiter in der Marketing-Abteilung beträgt 14 Jahre. Der Einfluss der amerikanischen Muttergesellschaft ist allgegenwärtig und wird oft als Grund angegeben, warum man bisher eher auf ein konservatives Marketing gesetzt hat. Dass der alte Chef in den

Ruhestand geht, wird hinter vorgehaltener Hand auf der einen Seite als Erleichterung empfunden, auf der anderen Seite herrscht Verunsicherung über dessen Nachfolge. Mark sagt mehr oder weniger öffentlich, dass ihm egal sei, wer Nachfolger wird. Insgeheim erwartet er, dass man ihm diese Aufgabe anbieten werde. Hans-Günter geht positiv gestimmt in die nächsten Wochen. Kimberley kann die Veränderung kaum noch erwarten. Sie hofft auf einen deutlichen Wandel. Die Mitarbeiter von Mark verhalten sich eher geduckt. Die Mitarbeiter von Hans-Günter machen ihre Arbeit stets auf gewohnte Weise und hoffen darauf, dass sich nicht viel verändern möge. Die Mitarbeiter von Kimberley sind motiviert und voller Initiative, die aber vom Umfeld, insbesondere von den amerikanischen Einflussnahmen immer wieder frustriert wird. Sie hoffen auf mehr Freiräume.

Sie sind heute Team-Leiter eines ähnlichen Unternehmens und möchten den nächsten Karriere-Schritt machen. Ein Headhunter hat Ihnen ein Gespräch mit dem CEO der BRIGHT LIGHT FUTURE Deutschland GmbH vermittelt, der Ihnen die Nachfolge des ausscheidenden Marketing-Chefs angeboten hat. Möchten Sie die Stelle annehmen? Hätten Sie einen Plan für die ersten 100 Tage?

2. Sebastian

… ist neuer Team-Leiter in einer der Werkstätten. Er ist 32 Jahre alt und wurde intern rekrutiert, um auf der einen Seite einer jungen Nachwuchsführungskraft Entwicklungs-chancen zu eröffnen und auf der anderen Seite »frischen Wind« in die Abteilung zu bringen. In dieser Werkstatt arbeiten fünf Mitarbeiter.

- Lothar, 55 Jahre alt, 28 Jahre im Unternehmen, ordnungsorientierter Persönlichkeitstyp, hat »alles gesehen«, solide, sorgfältig, aber auch kritisch;

- Günther, 52 Jahre alt, 17 Jahre im Unternehmen, ebenfalls ein ordnungsorientierter Persönlichkeitstyp, routiniert, eher desillusioniert, abwartend, skeptisch;

- Florian, 47 Jahre alt, 12 Jahre im Unternehmen, ein Beziehungsmensch, ruhig, freundlich, hilfsbereit, drängt sich aber nicht in den Vordergrund und übernimmt ungern die Initiative;

- Acarbey, 29 Jahre alt, 5 Jahre im Unternehmen, ein Beziehungs- und Leistungsmensch, aktiv, freundlich, empfindet Lothar und Günther als Respektspersonen und gleichzeitig auch als zu »altmodisch« und unbeweglich, würde sie aber nicht offen kritisieren; und

- Mehdi, 25 Jahre alt, 2 Jahre im Unternehmen, ein leistungsorientierter Persönlichkeitstyp, sehr agil, redet viel, immer in Bewegung, jedoch nicht immer mit der gewünschten Sorgfalt und Qualität.

Der Vorgänger von Sebastian hat die Abteilung zusammengehalten und die

Arbeitsleistungen im normalen Rahmen sichergestellt. Mehr aber nicht. Die Stimmung war von stabiler und zuweilen langweiliger Routine geprägt, wobei niemand etwas daran ändern wollte. Der sekundäre Nutzen dieses Zustands lag in den damit verbundenen gewohnten Bahnen, der Bequemlichkeit und gefühlten Sicherheit. Der Vorgänger hat das Unternehmen vor 4 Monaten verlassen. Seitdem gab es keinen Team-Leiter. Zum einen nahm die Suche eines Nachfolgers Zeit in Anspruch. Zum anderen konnte das Team »auch mal für eine Weile alleine zurechtkommen.«

Sebastian ist seit 16 Jahren im Unternehmen, hat dort auch gelernt, seitdem ordentlich aber eher unauffällig seine Arbeit gemacht und ist erst vor einigen Jahren als mögliche Nachwuchsführungskraft ins Blickfeld der Personalabteilung gelangt. Er ist ein ordnungs- und beziehungsorientierter Persönlichkeitstyp, eher zurückhaltend und nach außen hin wenig selbstbewusst. Die Verantwortlichen der Personalabteilung und der Leiter der Werkstätten waren aber der Meinung, dass Sebastian über genügend Fachwissen verfügt und »das schon machen werde und außerdem ist die Abteilung ja auch nicht so groß.« Sebastians erste Wochen waren für ihn unangenehm. Lothar und Günther begegneten ihm mit Zurückhaltung. Sie signalisierten ihm, dass er sie einfach weitermachen lassen solle wie bisher. Im Übrigen würde man nicht wissen, welchen Mehrwert er als

Team-Leiter für zwei »alte Hasen« beitragen könne. Es läuft ja alles gut so wie es ist. Florian verhält sich freundlich, bleibt aber in Deckung, weil er keine Konflikte mit Lothar und Günther haben möchte. Acarbey und Mehdi grinsen über diese Situation, mischen sich aber nicht ein und warten ab wie sich die Situation mit Sebastian entwickeln wird.

Sebastian hat versucht, sich ein paar Mal deutlich Gehör zu verschaffen, um die Stimmung, Qualität und Motivation anzusprechen, prallte aber immer wieder an der »Es-ist-doch-alles-gut-so-Wand« ab. Bei der Urlaubsplanung gab es Konflikte. Sebastian erklärte dies dann zur Chefsache, aktivierte Dominanzverhalten, weil er dachte, sich nur so behaupten zu können und bestimmte die Planung über alle Köpfe hinweg. Seitdem sind fast alle verärgert. Man geht sich aus dem Weg. Sebastian ist unfreundlicher, abgegrenzter und autoritärer geworden. Lothar und Günther erschüttert dies nicht, sondern bestätigt eher deren Voreingenommenheit. Es gibt erste Beschwerden, die vom Leiter der Werkstätten wahrgenommen worden sind. Was müsste er tun, um die Situationen zu retten?

3.
Zwei Kolleginnen der Einkaufsabteilung sprechen nicht mehr miteinander. Julia klagt viel über andere, verbreitet eine eher negative

Stimmung und macht aus der Sicht ihrer Kollegen »Dienst nach Vorschrift«, ist nicht hilfsbereit, eher abgrenzend und auch die Qualität ihrer Leistung ist nur mittelmäßig. Corinna arbeitet sorgfältig und zügig. Sie benötigt hin und wieder Zuarbeiten von Julia, die dies aber nicht beachtet und es deshalb häufiger zu Auseinandersetzungen gekommen ist. Die Stimmung hat sich verschlechtert. Beide vermeiden den Kontakt. Der Chef hat dies wahrgenommen und beide zu einem gemeinsamen Gespräch eingeladen. Danach waren beide noch verärgerter. Die Situation eskaliert. Was würden Sie jetzt tun?

4.
Zwei Kollegen haben eine Abneigung entwickelt zusammenzuarbeiten. Beide sind grundsätzlich kompetente und verlässliche Mitarbeiter. Georg ist ordnungsorientiert und eher introvertiert, möchte in Ruhe arbeiten, nicht gestört werden und Sachthemen strukturiert und im Detail erörtern. Fabian ist ein extrovertierter Leistungstyp, immer aktiv, redet viel, möchte seine Aufgaben schnell erledigen und wenn er von Georg Informationen benötigt – was häufig vorkommt – möchte er nicht lange diskutieren, sondern schnelle Antworten erhalten. Beide sind voneinander genervt. Was würden Sie als Chef tun, um diese Situation zu entschärfen und die Zusammenarbeit von beiden zu fördern? Falls Sie die spontane Idee haben sollten, beide räumlich

zu trennen: Diese Option ist leider nicht gegeben. Es gibt noch eine zweite instinktive Versuchung. Diese klingt so: »Georg, du musst ein bisschen mehr aus dir herauskommen. Fabian, mach' doch mal etwas langsamer«. Damit würden Sie jedoch beide Mitarbeiter in ihrer Individualität nivellieren, einen Durchschnittszustand erzeugen und die Potentialentfaltung durch Kooperation möglichst unterschiedlicher Persönlichkeiten vermindern. Es muss eine andere Lösung geben.

5.

Sie führen ein Team mit 8 Mitarbeiterinnen und Mitarbeitern, die die »Booting-Phase« gut gemeistert haben und sich nun auf Stufe 2 der Kooperationsphase befinden. In schwierigen Situationen bleibt das Team verbunden und sucht nach Lösungswegen. Sie bemerken jedoch, dass sich das Team schwertut, Entscheidungen zu treffen. Team-Meetings dauern sehr lange, enden in Diskussionsschleifen. Durchdachte und praktikable Entscheidungsvorlagen kommen nicht zustande. Was können Sie tun, um das Team weiterzuentwickeln?

6.

Das gleiche Team: Ein Mitarbeiter ist dauerkrank, darf jedoch aufgrund von Stellenrestriktionen nicht ersetzt werden. Eine weitere Mitarbeiterin hat gekündigt. Auch diese Stelle dürfen Sie nicht neubesetzen. Was ist jetzt zu tun?

7.

Das gleiche Team: Die Teamzusammensetzung nach Persönlichkeitstypen sieht wie folgt aus:

- Sabine, Ordnung, 46 Jahre alt, 14 Jahre im Betrieb;
- Carola, Ordnung, 42 Jahre alt, 2 Jahre im Betrieb;
- Aleyna, Beziehung, 38 Jahre alt, 5 Jahre im Betrieb;
- Ferdinand, Ordnung, 52 Jahre alt, 22 Jahre im Betrieb;
- Hans-Peter, Beziehung, 32 Jahre alt, 4 Jahre dabei;
- Karoly, Leistung, 28 Jahre alt, seit 2 Jahren dabei.

Wie schätzen Sie — ohne weitere Informationen — die möglichen Interaktions-Dynamiken dieses Teams unter den gegebenen Bedingungen ein — ein Kollege dauerkrank, eine Kollegin hat gekündigt und steht auch nicht mehr zur Verfügung und Sie als Chef müssen für drei Monate eine wichtige Zusatzaufgabe an einem anderen Standort bewältigen.

8.

Sie stellen nun drei neue Mitarbeiter ein.
- Antje, Leistung, 27 Jahre alt;
- Monique, Leistung und Beziehung, 32 Jahre alt;
- Kaspar, Innovation, 34 Jahre alt.

Wie schätzen Sie den möglichen Einfluss dieser neuen Mitarbeiter auf die Team-Dynamiken ein und auf welche Weise würden Sie alle Beteiligten mit dem Blick auf die Team-Phasen führen und begleiten?

9.

Was wäre, wenn Monique wieder kündigen würde und Sie die freiwerdende Stelle mit Julius, einem Kollegen aus einer anderen Abteilung, ersetzen würden?

- Julius, Territorium, 38 Jahre alt, bereits seit 9 Jahren im Unternehmen und es eilt ihm der Ruf voraus, kompetent, aber »nicht ganz einfach« zu sein.

10.

Was würden Sie tun, wenn dieses Team nun in eine Krise geraten würde? Nehmen wir folgendes Szenario an: Ihr Team und ein entsprechendes anderes Team sind im Beschaffungswesen tätig. Ihr Team ist zuständig für Beschaffungen innerhalb des europäischen Raums bis zu einem Bestellwert von € 250.000. Das andere Team ist zuständig für Beschaffungen außerhalb Europas und für alle Beschaffungen über € 250.000. Nun hat Sie das Management — ausnahmsweise sehr frühzeitig — darüber informiert, dass es beabsichtigt, in sechs Monaten eine Unternehmensberatung damit zu beauftragen, mögliche Rationalisierungsfelder zu identifizieren und Lösungsvorschläge zu entwickeln. Die

Umsetzung dieser Lösungsvorschläge wird voraussichtlich nach weiteren drei Monaten erfolgen. Sie haben dies Ihrem Team mitgeteilt. Alle sind aufgeregt und verunsichert. Jeder rechnet damit, dass beide Teams zusammengelegt und Stellen abgebaut werden sollen. Auch Sie selbst fürchten, dass Ihre Stelle zur Disposition kommen wird. Eine Konkurrenzsituation mit Ihrem Kollegen erscheint unausweichlich. Dies ist ein Beispiel für die Teamphase »Krise/Instabilität«. Wie gehen Sie mit dieser Situation um?

[…]

Manuel Jork

wurde 1955 in Berlin geboren, hat an der FU-Berlin Jura studiert und im Anschluss daran von 1982 bis 2000 als Rechtsanwalt und HR-Manager in Berlin und Frankfurt am Main gearbeitet. In dieser Zeit wurde er von Klaus Grochowiak [1950 – 2020] zum NLP-Master und Consultant für System-Dynamiken zertifiziert. 1990 begann seine Tätigkeit als Berater und Coach. Er begleitet Führungskräfte und Verhandlungsprofis in Grenzbereichen und ist darauf spezialisiert, Kooperation zwischen unterschiedlichen Menschen herzustellen. Seinen Fokus richtet er auf Schnittstellen in Unternehmen. An Schnittstellen geschehen die erstaunlichsten Dinge. Vor allem entscheidet sich hier, ob Kompetenzen und Leistung zur Entfaltung kommen oder verloren gehen. Arbeitsrecht und Psychotherapie verbindet er mit Organisations- und Führungskräfteentwicklung. Gemeinsam mit einem Schweizer und US-Amerikanischen Unternehmen hat er ein internationales Führungsprogramm entwickelt, das weltweit umgesetzt wird. Die in diesem Buch dargestellten Kommunikationsmethoden finden dort Anwendung. Sie verbinden alle Kulturen. Er ist Mitglied von Mensa in Deutschland und der Akademie für Potentialentfaltung von Professor Gerald Hüther.

Weitere Veröffentlichungen von Manuel Jork

Artgerechte Haltung von Menschen – Wie Sie mit widersprüchlichen und empfindlichen Menschen sinnvoll zusammenleben können, EDITION 99, BoD 2. Auflage Oktober 2020

The People Effect – The Art of Joining Forces to Unfold the Human Potential, EDITION 99, BoD 1. Edition June 2020

Vermeiden – Die Strategie-Umsetzungs-Blocker-Kettenreaktion, EDITION 99, BoD 1. Auflage Juli 2020

Re-Set – Du kannst immer neu anfangen, EDITION 99, BoD 1. Auflage August 2020

Immer Team – Selbstorganisation – Transformationskompetenz – Alles entscheidet sich an den Schnittstellen, EDITION 99, BoD 1. Auflage Februar 2021

Naked Sales – Scanning and Virtual Sales, EDITION 99, English Version, 1. Edition May 2021

Überraschung – Wie Du sein kannst wer Du bist, EDITION 99, BoD 1. Auflage August 2021

Naked Sales – Scanning und virtueller Vertrieb, EDITION 99, Deutsche Ausgabe, BoD 1. Auflage September 2021

Frauen zum Mars – Wer zum Mars fliegen kann, kann auch Unternehmen führen, EDITION 99, BoD 1. Auflage November 2021

Ich bin nicht zuständig – Wie klare Rollen Menschen entlasten, EDITION 99, BoD 1. Auflage Februar 2022

BOOK & LEAD

Sie führen Menschen.

Sie müssen schwierige Einzelfälle lösen.

Sie möchten Ihr Team neu ausrichten.

Sie erleben Widerstände an Schnittstellen.

Der schnellste Lösungsweg

1. Buch lesen

2. Q&A Online

3. Präsenz-Workshop

4. Hotline & Follow Up Online

Kontakt

jork@jork.biz
+49 (0)172 599 35 14
www.jork.biz